A pedagogia
da iniciação cristã

RENATO QUEZINI

A pedagogia da iniciação cristã

Apresentação:
Dom Jacinto Bergmann

Dados Internacionais de Catalogação na Publicação (CIP)
(Câmara Brasileira do Livro, SP, Brasil)

Quezini, Renato
A pedagogia da iniciação cristã / Renato Quezini. – São Paulo :
Paulinas, 2013 – (Coleção catequética)

Bibliografia
ISBN 978-85-356-3535-5

1. Catequese - Igreja Católica 2. Catecumenato 3. Ritos iniciáticos -
Aspectos religiosos - Igreja Católica 4. Sacramentos - Igreja Católica
5. Testemunhos (Cristianismo) 6. Vida cristã I. Título. II. Série.

13-05020 CDD-268.82

Índice para catálogo sistemático:
1. Iniciação cristã : Igreja católica : Cristianismo   268.82

1ª edição – 2013

Direção-geral: *Bernadete Boff*
Editores responsáveis: *Vera Ivanise Bombonatto*
Antonio Francisco Lelo
Copidesque: *Mônica Elaine G. S. da Costa*
Coordenação de revisão: *Marina Mendonça*
Revisão: *Ruth Mitzuie Kluska*
Gerente de produção: *Felício Calegaro Neto*
Projeto gráfico: *Telma Custódio*
Diagramação: *Jéssica Diniz Souza*
Imagem de capa: *Wanderson Cardoso Alves*

*Nenhuma parte desta obra poderá ser reproduzida ou transmitida
por qualquer forma e/ou quaisquer meios (eletrônico ou mecânico,
incluindo fotocópia e gravação) ou arquivada em qualquer sistema ou
banco de dados sem permissão escrita da Editora. Direitos reservados.*

Paulinas
Rua Dona Inácia Uchoa, 62
04110-020 – São Paulo – SP (Brasil)
Tel.: (11) 2125-3500
http://www.paulinas.org.br – editora@paulinas.com.br
Telemarketing e SAC: 0800-7010081
© Pia Sociedade Filhas de São Paulo – São Paulo, 2013

Sumário

Apresentação 7

Introdução 9

Percurso histórico 13

Ritual da Iniciação Cristã de Adultos 33

Implantação do *RICA* 63

Considerações finais 85

Bibliografia 89

Apresentação

Cada vez mais se vive e se escreve sobre a iniciação cristã (Iniciação à Vida Cristã). Isso revela que a Igreja também está cada vez mais consciente desse caminho de evangelização nos dias de hoje. Na Igreja no Brasil, assumimos esse caminho como "urgência evangelizadora". Das cinco "urgências evangelizadoras" propostas pelas últimas Diretrizes da Ação Evangelizadora (DGAE 2011-2015), uma é: "Igreja, casa da iniciação à vida cristã". Não podemos mais abdicar dessa urgência nos tempos atuais, com a mudança de época que estamos vivendo no início do terceiro milênio.

O presente trabalho de pesquisa, refletido e elaborado com esmero e profundidade pelo irmão Pe. Renato Quezini, vai acrescentar muito a essa "urgência" de vivermos a iniciação cristã.

Que todos nós – enquanto Igreja universal, igrejas particulares, igrejas paroquiais e igrejas domésticas – entremos "urgentemente" numa verdadeira iniciação cristã. Com ela, de fato, nos tornamos: *iniciados* em Jesus Cristo, que nos dá um significado de vida; *discípulos* de Jesus Cristo, que nos faz filhos de Deus e irmãos uns dos outros; e *missionários* de Jesus Cristo, que nos leva a anunciar a vida plena a todos.

Dom Jacinto Bergmann

Arcebispo de Pelotas-RS e Presidente da Comissão Episcopal Pastoral para a Animação Bíblico-Catequética da CNBB

Introdução

A iniciação cristã é central na vida da Igreja e merece ser refletida à luz dos passos dados ao longo da história. Desde os primórdios da Igreja, a iniciação cristã é fruto do encontro, da conversão e da comunhão com o Senhor. O catecumenato enquanto instituição foi se extinguindo a partir do século V. Quando o cristianismo foi levado ao estatuto de religião oficial do Império Romano, houve uma mudança conjuntural. A Igreja tornou-se a instituição predominante; as conversões se davam em massa. Muitos se tornaram cristãos para não serem perseguidos pelo Estado; outros, mais por conveniência dos privilégios dos cargos públicos e menos pelo desejo do seguimento de Cristo.

O processo de iniciação tal como se dava no princípio caiu em desuso, porque o comum passou a ser o Batismo de crianças, e a evangelização ocorria na família e na própria sociedade. Em decorrência disso, houve uma difusão do cristianismo como busca dos sacramentos mais do que da evangelização ou de uma adequada iniciação aos mistérios da fé, visto que a apresentação de Jesus Cristo se dava através de um mundo que se concebia cristão.

A mudança de época atual exige que o anúncio de Jesus Cristo não seja mais pressuposto, porém explicitado continuamente. A tradição familiar do Batismo de crianças já não garante a necessária evangelização posterior; o indivíduo é intensamente estimulado a construir sua própria identidade de fé num mundo plural. Por outro lado, para que o cristão tenha uma identidade cristã convicta, precisará passar por um processo de amadurecimento de sua fé a fim de estabelecer valores que orientem a sua existência.

Atento a essa realidade, os padres do Concílio Ecumênico Vaticano II, num desejo de renovação da Igreja, restauraram o catecumenato antigo com a sua pedagogia própria, tendo em vista o processo evangelizador e a conexão e a unidade do Batismo, da Confirmação e da Eucaristia, que conduzem o cristão à plena participação no Mistério Pascal de Cristo.

Este texto apresenta o *Ritual da Iniciação Cristã de Adultos* (RICA), aprovado em 1972. O *Ritual* não se limita à iniciação sacramental, mas oferece um caminho progressivo segundo as fontes essenciais do catecumenato antigo e com as adaptações condizentes com nossos dias. Esse *Ritual,* na verdade, é uma proposta de evangelização por meio de um processo envolvente pelo qual o adulto é chamado ao encontro com Jesus Cristo na comunidade. Este irá amadurecer a opção de ser cristão através das progressivas catequeses e das diversas celebrações que marcam a caminhada e conduzem a pessoa à vivência plena e consciente do compromisso cristão.

Faz-se necessário conhecer, valorizar e promover a aplicação do *RICA* no seu aspecto litúrgico, como itinerário de formação dos adultos e como pedagogia exemplar para toda a catequese. O *RICA* é um precioso tesouro de nossa Igreja. Os ritos nele contidos não são impostos, mas sim propostos, pois há uma larga possibilidade de mudanças e adaptações. De maneira muito sóbria, supera a visão meramente ritualista e apresenta os elementos teológicos da iniciação cristã.

Restaurar o catecumenato não é simplesmente retomar algo do passado, mas resgatar a pedagogia da fé como nos primeiros séculos da Igreja, em que não se administravam os sacramentos como ritos mágicos, mas abria-se, lentamente, por meio de graus sucessivos, a fonte de formação e de vida que é a celebração dos sacramentos. Como redescoberta, o catecumenato e a nova concepção de catequese são uma volta à pedagogia das origens, quando a Igreja era essencialmente missionária.

A catequese e a liturgia reforçam-se mutuamente no processo catecumenal. A catequese fornece meios para conhecer Jesus e viver a experiência pessoal do encontro com Ele por meio da aceitação de sua proposta salvadora. A liturgia assume profundamente o que foi descoberto na caminhada, levando os adultos a saborear as formas e as vias de oração, introduzindo-os pouco a pouco na vida de graça e da comunidade cristã.

No primeiro capítulo abordamos como se deu o desenrolar da iniciação cristã ao longo da história da Igreja. Acompanharemos os passos e os retrocessos pelos quais passou o catecumenato, até culminar com o nascimento do *RICA*.

No segundo capítulo mostramos detalhadamente o itinerário completo do primeiro capítulo do *RICA* e os fundamentos que a Igreja encontrou na *Tradição Apostólica* de Hipólito de Roma para a elaboração desse *Ritual*.

No terceiro capítulo, em uma perspectiva pastoral, destacamos pontos bem práticos para a vivência do *RICA* em nossas comunidades, tais como: o catecumenato como um novo paradigma de catequese e a concepção de iniciação cristã da Conferência de Aparecida, intimamente ligada à pedagogia de caminho de crescimento na fé e de formação para o discipulado.

Percurso histórico

A partir do século II dispomos de informações cada vez mais detalhadas sobre o desenvolvimento da iniciação cristã e sobre seu significado.[1] Porém, antes desse período temos os relatos bíblicos dos *Atos dos Apóstolos* que contêm notícias sobre os sucessivos incrementos de novos membros na Igreja:

A este Jesus, Deus o ressuscitou e disso nós somos testemunhas. Portanto, exaltado pela direita de Deus, ele recebeu do Pai o Espírito Santo prometido e o derramou, e isto o que vedes e ouvis. [...] Ouvindo isso, eles sentiram o coração transpassado e perguntaram a Pedro e aos demais apóstolos: "Irmãos, que devemos de fazer?" Respondeu-lhes Pedro: "Arrependei-vos, e cada um de vós seja batizado em nome de Jesus Cristo para a remissão dos vossos pecados. Então recebereis os dons do Espírito Santo". [...] Eles mostravam-se assíduos aos ensinamentos dos apóstolos, à comunhão fraterna, à fração do pão e às orações (At 2,32-33.37-38.42).

Neste texto, é-nos oferecida a sequência de como se dava a conversão das pessoas. O primeiro ponto que encontramos é a pregação da Palavra, o anúncio do Mistério Pascal: Cristo como salvador da humanidade. Depois, o convite é feito para

---

[1] Cf. OÑATIBIA, Ignácio. *Batismo e Confirmação*; sacramentos de iniciação. São Paulo: Paulinas, 2007. p. 70.

aderir a essa mesma Palavra, através da conversão, do Batismo e do recebimento do Dom do Espírito Santo, que as inseriam plenamente na comunidade cristã, na qual perseveravam na pregação apostólica, na fração do pão e nas orações.[2] Segundo Taborda, esse texto de At 2,38 faz uma ponte entre o Batismo de João e o Batismo cristão. Pedro usa as mesmas palavras de João Batista, mas acrescenta dois elementos: o novo Batismo se administra em nome de Jesus e confere o Dom do Espírito Santo. Ser batizado em nome de Jesus é ser introduzido na salvação e na redenção trazida por ele.[3] Constata-se que, depois da era apostólica, o entusiasmo, o fervor, começou a diminuir. Diante disso, a Igreja viu a necessidade de proporcionar uma melhor formação aos seus:

> Aumenta consideravelmente o número de pagãos que se sentem atraídos pelo cristianismo, as seduções das heresias se tornam mais insinuantes, as perseguições são mais ameaçadoras e rigorosas. A Igreja percebe que a apostasia é a grande tentação para seus filhos e, para isso, se vê obrigada a tomar precauções e, para garantir a fidelidade, ela impõe uma longa preparação dos candidatos ao Batismo.[4]

Didaqué

O texto mais antigo que encontramos fora das Sagradas Escrituras é denominado *Didaqué* (Doutrina dos Doze apósto-

---

[2] Cf. AUGÉ, Matias. *Liturgia: história, celebração, teologia, espiritualidade*. São Paulo: Ave Maria, 1996. p. 112.

[3] Cf. TABORDA, Francisco. *Nas fontes da vida cristã*. São Paulo: Loyola, 2001. p. 171.

[4] RETIF, Luiz. *Catéchisme et Mission Ouvrière*, p. 466, apud: ARAUJO, Epaminondas. Catecumenato hoje. *Revista Eclesiástica Brasileira (REB)*, Petrópolis: Vozes, n. 127, vol. 32, p. 582, set. 1972.

14 • A pedagogia da iniciação cristã

los). É um pequeno livro fruto da reunião de várias fontes escritas ou orais, que retratam a tradição viva das comunidades cristãs do século I. Os lugares mais prováveis de sua origem são a Palestina ou a Síria. A *Didaqué* é um convite para que as comunidades cristãs em formação descubram sua origem e jovialidade próprias. Ela lembra-nos de que a fonte inspiradora do comportamento, da oração e das celebrações é a Sagrada Escritura. Sobretudo, mostra que o cristianismo não é uma devoção individualista, intimista, mas um caminho comunitário em que todos os setores da vida e do comportamento humano devem ser tomados pela Palavra de Deus e pela oração:[5]

1. Quanto ao Batismo, procedam assim: depois de ditas todas essas coisas, batizem em água corrente, em nome do Pai e do Filho e do Espírito Santo.
2. Se você não tem água corrente, batize em outra água. Se não puder batizar em água fria, faça-o em água quente.
3. Na falta de uma e outra, derrame três vezes água sobre a cabeça, em nome do Pai e do Filho e do Espírito Santo.
4. Antes do Batismo, tanto aquele que batiza como aquele que vai ser batizado, e se outros puderem também, observem o jejum. Àquele que vai ser batizado, você deverá ordenar jejum de um ou dois dias.[6]

A *Didaqué* fala do Batismo depois de ocorrida uma exposição da doutrina dos dois caminhos: "O caminho da vida e o

---

[5] Cf. STORNIOLO, Ivo; BALANCIN, Euclides Martins. *Didaqué: o catecismo dos primeiros cristãos para as comunidades de hoje*. 5. ed. São Paulo: Paulus, 1989. p. 5.
[6] DIDAQUÉ, p. 19-20.

Percurso histórico • 15

caminho da morte. A diferença entre os dois é grande".[7] Ou seja, depois de "ditas todas essas coisas" que eram os ensinamentos essenciais dados através de uma "catequese, instrução", procedia-se à administração dos sacramentos.

Os Santos Padres e a iniciação cristã

Papel importante têm os Santos Padres: Justino, Tertuliano e Hipólito de Roma, que nos oferecem uma descrição de como era a organização catecumenal nos primórdios cristãos. É essencial a contribuição destes que podem ser considerados os primeiros teólogos da fé cristã.

Justino

Justino nasceu em Flávia Neápolis, cidade romana e pagã, construída na localidade da antiga Siquém, no coração da Galileia, por volta do ano 100 d.C. Sedento da verdade, perambulou pelos caminhos da filosofia antes de chegar a conhecer a Cristo. Um dos seus escritos mais importantes, a *Apologia I*, datado por volta de 150, visa refutar as acusações caluniosas lançadas contra os cristãos, cujas vidas edificaram tal escrito. O texto a seguir fornece-nos a primeira descrição do Batismo:

> Todos os que se convencem e acreditam que são verdadeiras essas coisas que nós ensinamos e dizemos, e prometem que poderão viver de acordo com elas, são instruídos em primeiro lugar para que com jejum orem e peçam perdão a Deus por seus pecados anteriormente cometidos, e nós oramos e jejuamos juntamente com eles. Depois os conduzimos a um lugar

---

[7] DIDAQUÉ, p. 7.

16 • A pedagogia da iniciação cristã

onde haja água e pelo mesmo banho de regeneração com que também nós fomos regenerados eles são regenerados, pois então tomam na água o banho em nome de Deus, Pai soberano do universo, e de nosso Salvador Jesus Cristo e do Espírito Santo.[8]

Portanto, é no decorrer da *Apologia I* que Justino se vê no dever de falar sobre a iniciação cristã. Aborda a preparação dos neófitos para o Batismo, dizendo, sobretudo, a importância do ensino positivo sobre a fé, e expondo as exigências morais da mensagem cristã. Denuncia os pecados, apresentando-os como um contrassenso na vida dos que foram purificados pelas águas batismais. Afirma que o Batismo se chama iluminação porque, assim instruídos, os cristãos têm o espírito iluminado pela sabedoria de Deus.

Justino concentrou seus esforços na demonstração da fé cristã, tendo em vista converter judeus e pagãos. Sua controvérsia tinha por objetivo refutar as heresias que começavam a proliferar de maneira perigosa ao seu redor.

Tertuliano

Tertuliano, nascido por volta do ano 160, em Cartago, Norte da África, converteu-se ao cristianismo em Roma, no ano de 193. Ele pôs-se a serviço da Igreja para o ensino oral e escrito, exercendo intensa atividade literária, polêmica e catequética. Foi o demolidor das heresias da época e dos adversários do cristianismo.

O conjunto da obra de Tertuliano é de grande importância para nossos conhecimentos sobre a época em que viveu: a

---

[8] JUSTINO DE ROMA. *I e II Apologias*; diálogo com Trifão. São Paulo: Paulus, 1995. p. 76.

sociedade, a cultura, a Igreja e a teologia da África. Encontramos no *Manual de Patrologia*[9] três pontos referentes à pessoa e à obra de Tertuliano, que nos anos passados ocuparam o centro das atenções.

O primeiro, são as relações de Tertuliano com a sociedade e a cultura romanas em que estava inserido. Por mais que houvesse sido marcado por ela, muitas referências em suas obras deixam-nos a impressão de que ele rejeitava tudo quanto pertencia a essa cultura.

Um segundo ponto é a relação de Tertuliano com a filosofia. Também aqui a rejeição verbal da filosofia está em oposição com o uso que dela faz para desenvolver suas concepções teológicas.

E, por fim, há uma importante contribuição prestada por Tertuliano ao desenvolvimento do latim cristão, de tal forma que, mesmo que não se possa considerá-lo seu criador, com certeza pode ser considerado pelo menos como o criador do latim cristão teológico.

Referindo-se aos sacramentos da iniciação cristã, Tertuliano afirma uma tão grande ligação entre si que seria impossível a catequese sobre um sacramento sem abordar o outro. Eis o seu texto clássico:

> [...] lava-se a carne, para que a alma seja purificada; unge-se a carne, para que a alma seja consagrada; cerca-se a carne, para que a alma seja protegida; a carne recebe a imposição das mãos, para que a alma seja iluminada pelo Espírito; a carne se nutre do corpo e do sangue de Cristo, para que a alma se alimente de Deus.[10]

---

[9] Cf. DROBNER, R. Hubertus. *Manual de Patrologia*. Petrópolis: Vozes, 2003. pp. 160-161.

[10] *De Ressurrectione*, 8,3: CCL 2, 931, apud: NOCENT, A. (et al.). *Os sacramentos*; teologia e história da celebração. São Paulo: Paulinas, 1989. p. 11. (Anámnesis 4).

Hipólito de Roma

Hipólito de Roma foi o último dos padres ocidentais a escrever suas obras em grego; depois o latim passou a ser a língua literária exclusiva do Ocidente. É tido como um escritor muito fértil; dentre seus escritos temos a *Tradição Apostólica*, da primeira metade do século III (escrita em Roma por volta do ano 225), que nos fornece um ritual completo da iniciação cristã.

A *Tradição Apostólica*,[11] depois da *Didaqué*, é o mais importante testemunho da vida e da liturgia cristã primitivas. A primeira parte contém a descrição de como se procedia à constituição hierárquica da comunidade: a escolha e ordenação dos diáconos, dos sacerdotes e dos bispos. Caberá à segunda parte relatar a maneira como era realizada a iniciação cristã, desde o acolhimento dos candidatos até a plena participação na Eucaristia. E a conclusão contém disposições sobre diversos temas, dentre os quais destacamos: comunhão dominical, jejum, sinal da cruz.

É possível identificar nos capítulos 15 a 21 da *Tradição Apostólica* um relato sobre a iniciação cristã dividido em cinco etapas:

1. A apresentação dos candidatos e a sua admissão após um exame severo.

2. O período do catecumenato, geralmente de três anos, que inclui a catequese, a oração e a imposição da mão, executada pelo catequista, que pode ser um clérigo ou um leigo.

---

[11] HIPÓLITO DE ROMA. *Tradição apostólica.* Tradução de Maria da Glória Novak e Introdução de Maucyr Gibin. Petrópolis: Vozes, 1981. (Fontes da catequese, 4).

3. A preparação próxima para o Batismo, após uma verificação da conduta do indivíduo. Depois desse momento o catecúmeno é chamado de eleito.
4. A iniciação sacramental, que consta de seus três momentos: Batismo, Unção e Eucaristia.
5. Mistagogia (iniciação aos mistérios) ou sacramentos recém-celebrados.[12]

No capítulo segundo nos deteremos a aprofundar essas cinco etapas mencionadas, comparando-as com o atual *RICA*, visto que o que fora escrito por Hipólito em 225 parece ter sido a base para a evolução posterior do processo de iniciação cristã.

Catequeses pré-batismais e mistagógicas

Nos séculos IV e V, os ritos da iniciação cristã seguem a linha de Hipólito de Roma. A grande contribuição desse período são as catequeses batismais (anteriores ao Batismo e cujo ensinamento centrava-se no Credo e na conversão moral) e as catequeses mistagógicas (posteriores ao Batismo e centradas na compreensão dos sacramentos celebrados). Destacaremos as de Cirilo de Jerusalém, João Crisóstomo e Ambrósio de Milão.

Cirilo de Jerusalém

Pouco se sabe a respeito de seus familiares e de como se deu a sua educação. Porém, teve uma boa formação, pois sua oratória comprovava isso. Sua importância para a Tradição

---

[12] AUGÉ, Matias. *Liturgia: história, celebração, teologia, espiritualidade.* São Paulo: Ave Maria, 1996. pp. 113-114.

da Igreja não se baseia em contribuições dogmáticas, mas sim nas suas catequeses batismais.

Através das suas "catequeses batismais e mistagógicas"[13] expõe as verdades da fé e a doutrina dos três sacramentos da iniciação cristã. Elas nos apresentam um modelo de como era a catequese do século IV.

As instruções começavam no primeiro domingo da Quaresma e prosseguiam todos os dias, exceto aos sábados e domingos, até a data do Batismo. Explicavam-se as Sagradas Escrituras, a História da Salvação e o Símbolo dos Apóstolos. Na noite da Vigília Pascal, os eleitos recebiam o Batismo, a Confirmação e a Eucaristia. Durante a semana da Páscoa, concluía-se sua instrução com a explicação dos ritos da iniciação cristã, através das denominadas catequeses mistagógicas.

As catequeses de Cirilo de Jerusalém conservam até hoje o seu valor. É um modelo para quem quer levar a sério a atualização da liturgia, bebendo a doutrina em sua fonte, buscando transformar a vida cristã em uma contínua conversão.

João Crisóstomo

João recebeu o cognome Crisóstomo, que significa "Boca de Ouro", por causa da sua notável diligência e competência na arte de falar e escrever, expondo a doutrina católica e formando os fiéis na vida cristã. Nasceu por volta de 350 numa família abastada de Antioquia. Ele recebeu a melhor formação de seu tempo, em parte ao lado de Teodoro de Mopsués-

---

[13] CIRILO DE JERUSALÉM. *Catequeses pré-batismais*. Petrópolis: Vozes, 1978; *Catequeses mistagógicas*. Petrópolis, Vozes, 2004.

tia, junto ao célebre retórico Libânio.[14] À semelhança de outros Padres da Igreja do século IV, João recebeu o Batismo já em idade adulta, no ano de 372.

De todos os Padres da Igreja grega, João foi quem deixou o maior número de obras, comparável apenas a Agostinho no Ocidente. Resta-nos dele uma série de catequeses batismais, que preparavam os catecúmenos para o Batismo. Referindo-se ao Batismo diante de uma prática que se propagava no século IV, de adiá-lo até o leito de morte, Crisóstomo expressa imensa alegria para com aqueles candidatos que se decidiram receber antes tal sacramento. "Ele interpreta o Batismo como novo nascimento, iluminação, morte e ressurreição com Cristo, como núpcias espirituais e perdão de todos os pecados."[15]

Ambrósio de Milão

Ambrósio provinha de uma família cristã. Veio ao mundo por volta do ano 339 e, de acordo com o costume em vigor de sua época, adiou o Batismo e permaneceu catecúmeno até a idade adulta.

Segundo suas próprias palavras, "começou a ensinar antes de aprender" (*De Officiis ministrorum* 1,1,4); recebeu sua instrução teológica do sacerdote milanês Simpliciano.[16] Ambrósio é descrito como pastor e pai de seus fiéis. Consagrou seu ministério à pregação da palavra. Sua vasta obra literária é resultado das suas pregações.

A iniciação cristã e a preparação ao Batismo desempenham um papel considerável em sua vida. Ele explicava aos

---

[14] Cf. DROBNER, R. Hubertus. *Manual de Patrologia*, p. 339.
[15] Ibid., p. 347.
[16] Ibid., p. 320.

catecúmenos a liturgia em geral e os sacramentos em particular, referindo-se às figuras bíblicas, comentando os ritos do Batismo e da Missa.

Por experiência própria, reconhecia que a sociedade do século IV era imperfeitamente cristã; diante disso, consagra parte da sua vida a apresentar as exigências do Evangelho, o qual requer mudança no modo de se viverem os valores do Reino.

Dentre as catequeses mistagógicas de Ambrósio, citamos o fragmento da obra *Sobre os sacramentos*, na qual apresenta o sentido de cada rito, de cada gesto. Aos que foram batizados, eis o que diz:

1. Ontem falamos sobre a fonte, cujo formato tem certa aparência de sepulcro, no qual nós, que cremos no Pai e no Filho e no Espírito Santo, somos recebidos e imersos; depois, ressurgimos, isto é, somos ressuscitados. Recebes também o *myrum*, isto é, o unguento, na cabeça. Por que na cabeça? Porque Salomão diz: "A razão do sábio está em sua cabeça". De fato, a sabedoria sem a graça é inativa; mas do momento que a sabedoria recebeu a graça, a sua obra começa a se tornar perfeita. Isso se chama regeneração.

2. O que é regeneração? Nos Atos dos Apóstolos encontras que aquele versículo que se diz no salmo 2: "Tu és o meu Filho, eu hoje te gerei" parece se referir à ressurreição. Com efeito, o santo apóstolo Pedro, nos Atos dos Apóstolos, assim interpretou: quando o Filho ressuscitou da morte, a voz do Pai se fez ouvir: "Tu és meu Filho, eu hoje te gerei" (At 13,33). Por isso, ele também é chamado "primogênito dos mortos" (cf. Rm 6,3-11). Portanto, o que é

a ressurreição, senão o fato de ressurgirmos da morte para a vida? Assim também no Batismo, do momento que é imagem da morte, quando sais da água e ressurges, sem dúvida se torna imagem da ressurreição. Desse modo, conforme a interpretação dos apóstolos, assim como aquela ressurreição foi uma regeneração, também esta ressurreição da fonte é uma regeneração.[17]

Da extinção progressiva à restauração operada pelo Vaticano II

Século V: extinção progressiva do catecumenato

O catecumenato enquanto instituição foi se extinguindo a partir do século V. Essa crise ocorreu pelo fato de a Igreja tornar-se uma instituição preponderante; com isso, o número de conversões se deu em massa. A virada constantiniana repercutiu em cheio no campo da iniciação cristã.

Não era mais o amor a Cristo que impulsionava as pessoas a buscarem uma mudança de vida, uma adesão profunda ao Reino de Deus. O que prevalecia eram os interesses políticos, pois a pessoa que se declarava cristã possuía agora alguns privilégios e isso era mais forte do que o real desejo de conversão. Por essa razão, a formação cristã centrou-se na preparação moral, doutrinal e ritual. Devido às exigências da vida cristã, os catecúmenos protelavam o pedido do Batismo para o final da vida:

---

[17] AMBRÓSIO DE MILÃO. *Explicação do símbolo*; sobre os sacramentos, sobre os mistérios, sobre a penitência. São Paulo: Paulus, 1996. p. 47.

24 • A pedagogia da iniciação cristã

Algumas pessoas recebem a marca da cruz, são instruídas nas verdades elementares por uma pré-catequese, nutridas pelo sal bento, e permanecem nesse ponto. O seu catecumenato se eterniza. Elas adiam o Batismo até a velhice ou até a morte. Com efeito, o Batismo perdoa todos os pecados e como a penitência só é ministrada uma vez na vida, mais vale esperar que as paixões estejam extintas para se engajar definitivamente. Do mesmo modo, a Igreja perde o interesse por essa comunidade catecumenal subdesenvolvida e volta sua atenção para aqueles que desejam definitivamente o Batismo para uma data próxima.[18]

Do século VI ao X

Generalizou-se o Batismo de crianças e o tempo de preparação foi reduzido a alguns escrutínios dirigidos aos pais.

Fazendo referência à liturgia romana, encontramos no *Dicionário de Liturgia* dois textos que são a base textual e ritual de toda a evolução da iniciação cristã: o primeiro é a carta que o diácono João escreve a Senário (492). O outro é o *Sacramentário Gelasiano,* cuja data aproximada é o ano 550, que contém, além dos textos para a iniciação, também algumas indicações rituais.[19]

A carta do diácono João a Senário não só enumera os ritos, mas também tenta fazer uma interpretação deles: daí a sua grande importância. Nessa carta são descritos com particular atenção os ritos do catecumenato. Encontramos a tríplice repetição dos "escrutínios antes da Páscoa".

---

[18] COMBY, Jean. *Para ler a história da Igreja I*; das origens ao século XV. São Paulo: Loyola, 1993. p. 86.

[19] Cf. NOCENT, Adrien. Iniciação cristã. In: SARTORE, Domenico; TRIACCA, M. Achille. *Dicionário de Liturgia.* São Paulo: Paulus, 2004. p. 596-597.

A segunda fonte, representada pelo *Sacramentário Gelasiano*, mesmo sendo complexa, oferece-nos os textos das missas, as diversas *traditiones* (entregas), os ritos do Batismo e da Confirmação. Ao ritual contido no *Sacramentário Gelasiano* é acrescentado o ritual do *Ordo romanus XI*. Nessa época, o ritual já é claramente organizado para as crianças. Os escrutínios são desdobrados e depois passam para os dias feriais, levando consigo as leituras previstas para os domingos dos escrutínios; para os novos escrutínios se escolherão leituras mais adequadas às crianças. Ou seja, há uma nova demanda para a iniciação. Não ocorrem mais aos domingos, que são os dias em que a comunidade se reúne para a celebração do Mistério Pascal.

Todavia, tanto no *Sacramentário Gelasiano* quanto no *Ordo XI* a iniciação se realiza com a administração dos três sacramentos em uma única celebração, na qual são administrados sucessivamente o Batismo, a Confirmação e a Eucaristia. O Batismo realiza-se com a tríplice imersão e o interrogatório sobre a fé nas três pessoas da Santíssima Trindade; a Confirmação é conferida mediante a imposição das mãos, acompanhada do texto de Isaías sobre o Dom do Espírito, e da unção; a Eucaristia conclui a iniciação.

Assim como a *Tradição Apostólica de Hipólito de Roma*, também o *Sacramentário Gelasiano* terá importância fundamental, por causa de seus textos litúrgicos, na elaboração do *RICA*.

Do século X ao Vaticano II

Muitos são os pontos de retrocesso que encontramos no período do século X ao Concílio Vaticano II. A partir do século XII, quando o Batismo de crianças torna-se quase a única prática batismal, o catecumenato deixa de ter sua eficácia e restam apenas alguns ritos dispersos. Outro ponto se ressalta: o Batismo agora se encontra desvinculado da solenidade da Páscoa.

Eis por que os três sacramentos eram tradicionalmente conferidos nesta ordem: o Batismo confere o "ser cristão", a Confirmação coloca-se na ordem do "agir cristão" e a Eucaristia, como sacramento da plena inserção na Nova Aliança por meio da ação de graças.[20] Geralmente a Confirmação acontece separada do Batismo. A ordem inicial dos sacramentos se inverte; a Eucaristia não mais é vista como o ápice dos sacramentos da iniciação cristã. Com o desenrolar da história vemos a inserção de outro sacramento nesse processo iniciático da fé: a Penitência.

Como já observamos anteriormente, na Igreja antiga seria inconcebível a participação no corpo Eucarístico de Cristo, ápice da iniciação e da incorporação à Igreja, sem que tivesse sido marcado com o selo do Espírito.[21]

Perdeu-se o caráter unitário dos três sacramentos, a ponto de cada sacramento ser administrado separadamente.

A restauração do catecumenato foi amadurecendo lentamente na Igreja, tanto em terras de missão quanto em países de velha cristandade. Sua necessidade foi impondo-se no contexto de secularização progressiva do mundo contemporâneo:

A partir de 1878 o cardeal *Lavigerie*, fundador dos Padres Brancos, introduz na África o catecumenato em sentido estrito.

---

[20] Cf. NOCENT, A. (et al.). *Os sacramentos: teologia e história da celebração*. São Paulo: Paulinas, 1989. p. 11. (Anámnesis 4).

[21] Cf. AUGÉ, Matias. *Liturgia*, p. 117.

A seu exemplo, por aproximações sucessivas e com êxito diverso, a primeira metade de nosso século conhece a expansão do catecumenato em algumas igrejas jovens da África e da Ásia.[22]

O Concílio Vaticano II clamou por uma revisão litúrgica no campo da iniciação cristã, pois fazia-se urgente a restauração da unidade dos três sacramentos.

Concílio Ecumênico Vaticano II

O *RICA* começou a ser gerado no Concílio Vaticano II a pedido dos bispos provenientes de áreas missionárias, preocupados com as necessidades da evangelização e reestruturação do Batismo de adultos; quiseram recuperar o catecumenato antigo para criar um real processo de amadurecimento da fé. Assim declara o Concílio: "Restaure-se o catecumenato dos adultos, em diversos níveis, de acordo com a autoridade local. As etapas do catecumenato podem ser santificadas por diversos ritos, aptos a manifestar seu espírito".[23]

Também o *Decreto "Ad gentes" sobre a atividade missionária da Igreja* indica e propõe o quadro geral da iniciação cristã e do catecumenato:

Onde quer que Deus proporcione ocasião para se falar do mistério de Cristo a todos os seres humanos, anuncie-se com confiança a constância a Deus vivo e a Jesus Cristo, por ele enviado para a salvação de todos. [...] Trata-se de uma conversão inicial,

---

[22] LÓPEZ SÁES, Jesús. Catecumenato. In: PEDROSA, V. Mª. et al. *Dicionário de Catequética*. São Paulo: Paulus, 2004. p. 127.

[23] CONCÍLIO VATICANO II. Constituição *Sacrosanctum Concilium* sobre a Sagrada Liturgia, n. 64.

28 • A pedagogia da iniciação cristã

suficiente para que a pessoa se dê conta de que foi libertada do pecado e introduzida nos mistérios de amor de Deus, que chama para o convívio pessoal em Cristo.

[...] Todos os que receberam de Deus a fé, por intermédio da Igreja, devem ser admitidos ao catecumenato, segundo o rito estabelecido. Mais do que simples exposição dos dogmas e dos preceitos, o catecumenato deve ser uma iniciação a toda a vida cristã, um aproximar-se de Cristo, durante o tempo que for necessário. Sejam os catecúmenos iniciados convenientemente no mistério da salvação, na prática da vida evangélica, nas celebrações litúrgicas segundo os diversos tempos, na vida de fé, de culto e de amor, característica do povo de Deus.[24]

A reforma litúrgica pós-conciliar preparou o *Rito do Batismo das Crianças,* promulgado no dia 15 de maio de 1969, e pela primeira vez na história um rito foi adaptado à real condição das crianças. O *Ritual da Confirmação* foi promulgado em 15 de agosto de 1971. Por fim, o *Ritual da Iniciação Cristã de Adultos,* aprovado pelo Papa Paulo VI e promulgado no dia 6 de janeiro de 1972, cumpriu o desejo dos Padres conciliares de restaurar o catecumenato. No Brasil foi publicado pela primeira vez em 1975.

Interessante mencionar que os Padres conciliares não disseram através dos documentos "elabore-se o catecumenato", mas, sim, "restaure-se". Com essa expressão podemos compreender que o catecumenato pertence à Tradição da Igreja; nasceu nos primeiros séculos, foi "esquecido" e, naque-

---

[24] CONCÍLIO VATICANO II. Decreto *Ad gentes* sobre a atividade missionária da Igreja, nn. 13 e 14.

le momento, merecia novamente ser colocado em prática na vida eclesial. Conforme Borobio:

Cremos que este Ritual é um dos documentos de maior transcendência do Vaticano II, não só porque renova o catecumenato como processo da iniciação cristã de adultos, mas também porque integra, harmoniza e expressa de maneira exemplar os diversos níveis e perspectivas: o nível antropológico, o teológico, o sacramental-ritual e o pastoral; e porque se apresenta como a referência principal da iniciação cristã, e como modelo de toda catequese integral, que implica a participação e a renovação da mesma comunidade cristã.[25]

Mas o que entendemos por iniciação cristã? Qual a finalidade do catecumenato a ponto de os Padres conciliares optarem por sua restauração?

O catecumenato a que nos referimos aqui não é o Caminho Neocatecumenal.[26] A palavra catecumenato procede do verbo grego *Katechéin*, que significa "lugar onde ressoa mensagem, fazer soar aos ouvidos".[27]

Ele destina-se aos jovens e adultos não batizados, que se dispõem a escutar a Palavra, e também àqueles que, quando crianças, receberam o Batismo, mas que depois não foram instruídos na vida de fé e, até mesmo, não foram admitidos à

---

[25] BOROBIO, Dionísio. *Catecumenado e iniciación cristiana*. Barcelona: Centre de Pastoral Litúrgica, 2007. p. 28.

[26] IRMÃO NERY. *Catequese com adultos e catecumenato*; história e proposta. São Paulo: Paulus, 2001. p. 115: surgido "em Madri em 1964, a partir da experiência de catequese bíblica e vivência em comunidade. [...] De Madri passou a Barcelona, chegando a Roma em 1968 e, em 1972, já estava presente em quase todos os países da Europa".

[27] LÓPEZ SÁES, Jesús. Catecumenato, p. 125.

30 • A pedagogia da iniciação cristã

Confirmação nem à Eucaristia; então, agora, são chamados a percorrer esse caminho catecumenal.

Pelos sacramentos da iniciação cristã, a saber, Batismo, Confirmação e Eucaristia, compreendemos que são lançados os fundamentos de toda a vida cristã. Tal ideia presente no *RICA* é reforçada no *Catecismo da Igreja Católica*:

> A participação na natureza divina, que os homens recebem como dom mediante a graça de Cristo, apresenta certa analogia com a origem, o desenvolvimento e a sustentação da vida natural. Os fiéis de fato, renascidos no Batismo, são fortalecidos pelo sacramento da Confirmação e, depois, nutridos com o alimento da vida eterna na Eucaristia. Assim, por efeito destes sacramentos da iniciação cristã, estão em condições de saborear cada vez mais os tesouros da vida divina e de progredir até alcançar a perfeição da caridade.[28]

Sobre esse tema o Decreto *Ad Gentes*, sobre a atividade missionária da Igreja, se pronuncia dizendo:

> Os seres humanos, libertos do poder das trevas, graças aos sacramentos da iniciação cristã, mortos com o Cristo, com ele sepultados e ressuscitados, recebem o Espírito de filhos adotivos e celebram com todo o povo de Deus o memorial da morte e ressurreição do Senhor.[29]

---

[28] CATECISMO DA IGREJA CATÓLICA. São Paulo: Loyola, 1999. n. 1212.
[29] CONCÍLIO VATICANO II. Decreto *Ad gentes* sobre a atividade missionária da Igreja, n. 14.

Ritual da Iniciação Cristã de Adultos

Na elaboração do *RICA*, recuperaram-se numerosos elementos presentes na *Tradição Apostólica de Hipólito de Roma*, os quais nos fornecem "um ritual completo do catecumenato: desde o acolhimento dos candidatos até a plena participação na ceia eucarística".[1] A escolha por tal *Tradição* é porque esta contém elementos rituais e disciplinares ligados a um momento histórico determinado, mas com um valor perene. Descreve pormenorizadamente os ritos batismais, como um processo unitário de iniciação cristã.

Embora a *Tradição Apostólica* tenha sida composta em Roma, não se restringe apenas à liturgia romana, mas transmite a Tradição da Igreja. Essa obra responde: quais eram as condições para a admissão dos candidatos, o tempo de duração do catecumenato, o exame severo ao qual eram submetidos os candidatos, as profissões a que deveriam renunciar e outros passos pertinentes.

Apresentaremos os tempos e as etapas que conduzem – perpassam – à formação dos catecúmenos a partir do capítulo I do *RICA*, intitulado: *Ritos do Catecumenato em torno de suas etapas*. Esse é o eixo central de nossa pesquisa. O *RICA*

---

[1] HIPÓLITO DE ROMA. *Tradição apostólica*, p. 20.

configura-se como um específico e completo itinerário de iniciação cristã.

O *RICA* destina-se "aos adultos que, iluminados pelo Espírito Santo, ouviram o anúncio do mistério de Cristo e, conscientes e livres, procuram o Deus vivo e encetam o caminho da fé e da conversão".[2] O *RICA* contempla a iniciação dos adultos nas suas mais diferentes situações: aqueles que ainda não foram batizados; outros que foram batizados quando criança, mas não receberam a Eucaristia; e aqueles que receberam o Batismo e a Eucaristia, mas não foram confirmados. Grande parte dos adultos que buscam a Igreja se enquadra nos dois últimos casos mencionados: foram batizados quando crianças, mas não prosseguiram seu caminho de crescimento na fé.

A intenção é apresentar a maneira como a Igreja acolhe e inicia aqueles que pedem para ser cristãos. Por meio da proposta desse *Ritual,* a Igreja quer que a pessoa faça uma profunda experiência de encontro com o Senhor e, a partir daí, inicie uma caminhada, um itinerário sob a ação do Espírito Santo e sinta uma profunda transformação de vida.

Assim, o *RICA* é um excelente meio para a pessoa iniciar ou retomar seu caminho de adesão a Cristo e a seu Reino. Pelo processo de iniciação a pessoa torna-se um cristão evangelizado, e as mudanças decorrentes dessa experiência de fé desencadearão uma transformação pessoal, comunitária e social.

Para que tais mudanças surtam efeito na vida da pessoa, faz-se necessário percorrer um itinerário, através do qual o indivíduo amadurece seguindo os tempos e etapas previstos pelo ritual. O *RICA* estrutura-se em três tempos de prepara-

---

[2] RICA. Observações preliminares, n. 1.

ção e pela continuidade da iniciação através do tempo da mistagogia no tempo pascal.

a) Pré-catecumenato: um determinado tempo para o acolhimento dos candidatos e seu entrosamento com a comunidade cristã; para uma primeira evangelização e conversão a um estilo cristão de vida; para a aquisição do costume de rezar e invocar a Deus.

b) Catecumenato: tempo, suficientemente longo, para uma esmerada catequese; para uma progressiva mudança da mentalidade e dos costumes; para uma integração na comunidade cristã e a participação nas assembleias litúrgicas. A comunidade cristã acompanha seus catecúmenos com a oração, os ritos e o testemunho.

c) Purificação e iluminação: tempo de preparação imediata para os sacramentos da iniciação cristã; corresponde ao período da Quaresma; tempo de intensa vivência espiritual, marcado por ritos a serem celebrados pela comunidade durante a santa missa dominical. Na solene Vigília Pascal, são celebrados os três sacramentos da iniciação: Batismo, Confirmação e Eucaristia.

d) Mistagogia: acontece no período pascal e é um tempo de aprofundamento do mistério cristão, em comunhão com a comunidade dos fiéis, e de participação na missão da Igreja.[3]

A passagem de um tempo a outro se dá por três etapas, passos ou portas que devem ser considerados momentos fortes ou mais densos da iniciação:

---

[3] ZORZI, Lúcio. *Uma proposta de catecumenato com o RICA simplificado.* São Paulo: Paulinas, 2006. p. 8-9.

a) Verifica-se a primeira etapa quando, aproximando-se de uma conversão inicial, quer tornar-se cristão e é recebido como catecúmeno pela Igreja.

b) A segunda quando, já introduzido na fé e estando a terminar o catecumenato, é admitido a uma preparação mais intensiva para os sacramentos.

c) A terceira quando, concluída a preparação espiritual, recebe os sacramentos de iniciação cristã.[4]

Apresentamos cada um desses tempos, propostos pelo *RICA*, como sendo aptos para proporcionar o crescimento da pessoa que sente o desejo consciente de buscar a Deus e seguir no caminho de fé.

Pré-catecumenato

Esse tempo de evangelização ou pré-catecumenato tem como objetivo despertar nos simpatizantes, isto é, naqueles que, "embora ainda não creiam plenamente, mas demonstram inclinação pela fé cristã",[5] a fé e a descoberta do Evangelho através do contato com a comunidade cristã.

Essa fase denominada de *Querigma* – primeiro anúncio – conduz o simpatizante a uma conversão inicial, purifica as motivações subjetivas que o levaram a buscar tais sacramentos e alimenta o desejo de seguir a Cristo e pertencer à Igreja.[6]

Deve ser um tempo privilegiado de primeiro anúncio em que a pessoa é chamada a uma mudança de vida, a encontrar-

---

[4]   RICA. Observações preliminares, n. 6.
[5]   RICA, n. 12.
[6]   Cf. BOROBIO, Dionísio. *Catecumenado e iniciación cristiana*, pp. 59-60.

-se com o Deus amor revelado na pessoa de Jesus Cristo. Essa adesão inicial começa com um encontro vivo, envolvente e atraente.

Nesse sentido o Papa Bento XVI, na Encíclica *Deus Caritas Est*, apresenta uma bela expressão: "Ao início do ser cristão, não há uma decisão ética ou uma grande ideia, mas o encontro com um acontecimento, com uma Pessoa, que dá à vida um novo horizonte e, dessa forma, o rumo decisivo".[7] A iniciação cristã é o encaminhamento para o encontro com Jesus e o desdobramento desse encontro na vivência cotidiana.[8]

O *RICA* deixa muito claro que tal iniciação interessa a todos os batizados; para tal, estabelece alguns ministérios e funções. São denominadas introdutores as pessoas que acompanham os simpatizantes; devem possuir uma dinâmica e um carisma que transmitam aos interessados "simpatizantes" o desejo de encontrar-se com Jesus e encantar-se por ele. Devem possibilitar a eles esse encontro, essa experiência, que dê início a uma amizade com Jesus que seja progressiva e cresça cada dia, levando o indivíduo a desejar imitar, seguir e possuir as atitudes e qualidades de Jesus. Conforme Lima:

> Urge, para todos os agentes de pastoral, uma formação específica de modo que o Querigma não seja uma incógnita, um enigma com o qual não se sabe tratar, mas uma formação que con-

---

[7] BENTO XVI. Carta Encíclica *Deus Caritas Est*. 2. ed. São Paulo: Paulinas, 2006. n. 1, p. 3.

[8] Recomendamos o belo estudo sintético sobre o querigma realizado pela Comissão Episcopal Pastoral para a Doutrina da Fé: CNBB. *Anúncio querigmático e evangelização fundamental*. Brasília: Edições CNBB, 2009; Subsídios doutrinais n. 4; e GEVAERT, Joseph. *O primeiro anúncio*; finalidade, destinatários, conteúdos, modalidade de presença. São Paulo: Paulinas, 2009.

tribua ao anúncio de Cristo com "novas expressões", para que o essencial do Querigma chegue com a mesma força salvadora no coração de nossos contemporâneos. Não se trata de uma *etapa*, mas do *fio condutor* do processo que culmina na maturidade do discípulo de Cristo. Sem o Querigma as demais etapas da iniciação cristã estão condenadas à esterilidade.[9]

A partir dos textos do *Rica* podemos deduzir três objetivos específicos do tempo do pré-catecumenato:[10] adesão a Jesus Cristo, conversão de vida e sensibilidade eclesial. Adesão a Jesus Cristo parece ser o primeiro objetivo específico do pré-catecumenato. Para desenvolver tal tema sobre a evangelização, o *RICA* utiliza-se de uma expressão do Decreto *Ad Gentes*:

> É o tempo da evangelização em que, com firmeza e confiança, se anuncia o Deus vivo e Jesus Cristo, enviado por ele para a salvação de todos, a fim de que os não cristãos, cujo coração é aberto pelo Espírito Santo, creiam e se convertam livremente ao Senhor, aderindo lealmente àquele que, sendo o caminho, a verdade e a vida, satisfaz e até supera infinitamente a todas as suas expectativas espirituais.[11]

Conversão de Vida é o segundo objetivo elencado e apresenta-se inseparável da fé em Jesus Cristo:

---

[9] LIMA, Luiz Alves de. Discípulos e missionário de Jesus Cristo; síntese dos temas da III Semana Latino-Americana de Catequese. *Revista de Catequese*, n. 114, p. 41-42, abr./jun. 2006.

[10] Cf. ORMONDE, Domingos. O caminho do pré-catecumenato. *Revista de Liturgia*, n. 167, p. 27, set./out. 2001.

[11] CONCÍLIO VATICANO II. Decreto *Ad Gentes* sobre a atividade missionária da Igreja, n. 13.

Da evangelização realizada com o auxílio de Deus brotam a fé e a conversão inicial, pelas quais a pessoa se sente chamada do pecado para o mistério do amor de Deus. A essa evangelização é dedicado todo o tempo do pré-catecumenato, para que se amadureça a vontade sincera de seguir o Cristo e pedir o Batismo.[12]

A sensibilidade eclesial pode ser considerada como o terceiro objetivo desse tempo. O simpatizante procurará se identificar com a Igreja, com seus membros e com seus valores. Nesse ponto pressupõe-se por parte da pessoa: amor, envolvimento, participação e vibração em relação à comunidade. Esse passo é fruto do encontro e do amadurecimento da vontade sincera de seguir a Cristo.

A essa fase da evangelização ou do pré-catecumenato, o *RICA* reconhece ser de grande importância principalmente na atualidade e dá abertura, concedendo muita liberdade para que na prática pastoral tal momento seja vivido com eficácia. Aqui vale a pena recordar o ensinamento de Paulo VI sobre a evangelização:

Evangelizar, para a Igreja, é levar a Boa-Nova a todas as parcelas da humanidade, em qualquer meio e latitude, e pelo seu influxo transformá-las a partir de dentro e tornar nova a própria humanidade: "Eis que faço nova todas as coisas". No entanto, não haverá humanidade nova, se não houver em primeiro lugar homens novos, pela novidade do Batismo e da vida segundo o evangelho. A finalidade da evangelização, portanto, é precisamente essa mudança interior.[13]

---

[12] RICA, n. 10.
[13] PAULO VI. Exortação Apostólica *Evangelii Nuntiandi* sobre a Evangelização no Mundo Contemporâneo. 18. ed. São Paulo: Paulinas, 2005. n. 18.

Todo o processo da iniciação cristã é de suma importância. Porém, para que os frutos colhidos no futuro sejam bons, faz-se necessário investir muito nessa fase inicial. Os simpatizantes devem de fato ser acolhidos e acompanhados pessoalmente. Precisam receber o anúncio do mistério pascal de Cristo que é capaz de transformar a vida dos que se deixam encontrar por ele.

O intuito dessa proposta do pré-catecumenato é que o simpatizante, acompanhado por seu introdutor, percorra um caminho que o leve ao compromisso pessoal e consciente com Jesus Cristo na fé e, em consequência, com a comunidade eclesial.

Creio que as belíssimas palavras do Papa Bento XVI merecem ser ditas àqueles que desejam tornar-se cristãos: "Quem aceita a Cristo: Caminho, Verdade e Vida, em sua totalidade, tem garantida a paz e a felicidade, nesta vida e na outra vida!".[14]

Portanto, de acordo com o que vimos acima, esse período do pré-catecumenato tem grande importância no processo de iniciação e não deve ser omitido.

Encontramos na *Tradição Apostólica de Hipólito de Roma* certo fundamento para esse período, pois antes de ingressar no catecumenato o candidato era submetido a uma análise criteriosa sobre sua vida moral e seu desejo de ser cristão. Em momento algum Hipólito utiliza os termos evangelização ou pré-catecumenato, porém, aos que se aproximam da fé, há uma exigente seleção. Eis o que nos diz o texto na íntegra:

---

[14] BENTO XVI. Discurso no final do santo Rosário no Santuário de Nossa Senhora Aparecida, 12 de maio de 2007.

Os que são trazidos, pela primeira vez, para ouvir a Palavra sejam primeiramente conduzidos à presença dos catequistas antes da entrada do povo – e sejam interrogados sobre o motivo pelo qual se aproximam da fé. Deem testemunho deles os que os tiverem conduzido, dizendo se estão aptos a ouvir a Palavra; sejam, também, interrogados sobre sua vida: se tem mulher, se é escravo; se algum deles for escravo de um fiel – e o seu senhor lhe permitir, ouça a Palavra; mas se o senhor não der testemunho dele dizendo que é bom, seja recusado.

Se o senhor for pagão, seja-lhe ensinado a agradar ao senhor para evitar a blasfêmia; se um homem tem mulher, se uma mulher tem marido, sejam ensinados a contentar-se – o homem com a mulher e a mulher com o marido. Se, porém, um homem não vive com uma mulher, seja ensinado a não fornicar, mas a tomar uma mulher segundo a Lei – ou a permanecer como está.

Se alguém estiver possuído pelo Demônio, não ouça a Palavra da doutrina enquanto não for purificado.[15]

Percebemos uma rigidez na seleção dos candidatos daquela época, o que se pode, contudo, entender no âmbito do momento histórico em que estão inseridos. Em uma época de tanto sincretismo, a Igreja não podia admitir em seu seio pessoas com segundas intenções. De acordo com o texto do centro de pastoral litúrgica de Barcelona:

O exame prévio à entrada no catecumenato se concentrava particularmente na investigação dos motivos da conversão. Somente eram admitidos no catecumenato os sujeitos realmente convertidos. Essa primeira conversão devia implicar uma decisão séria de transformar toda a vida segundo o Evangelho. Sob

---

[15] HIPÓLITO DE ROMA. *Tradição apostólica*, n. 33-34, p. 46-47.

a garantia das manifestações do que havia sido o instrumento de Deus nessa conversão, a Igreja se via obrigada a examinar e reconhecer sua qualidade e autenticidade.[16]

O que o *RICA* e a *Tradição Apostólica* possuem em comum nesse ponto é: a preparação fornecida aos candidatos antes de ingressarem no catecumenato propriamente dito. Predominava, então, uma análise moral apurada, buscando os reais desejos da pessoa. Hoje, busca-se de início apresentar ao simpatizante a proposta "do encontro com Jesus Cristo que deve estabelecer-se sobre o sólido fundamento da Trindade-Amor".[17]

Catecumenato

O tempo do catecumenato é o tempo mais longo, dedicado principalmente à instrução catequética. No entanto, para que o catecúmeno não caia no desinteresse, mas mantenha vivo o desejo do seguimento a Jesus Cristo, o *Ritual* propõe, de forma progressiva, ritos ao longo desse período visando ao crescimento na fé e ao comprometimento da pessoa com a comunidade eclesial. Borobio, definindo o objetivo desse tempo, nos diz:

> Destacamos o objetivo [do catecumenato]: amadurecimento da fé e conversão, por um melhor conhecimento do Evangelho e do mistério; a transformação da vida em Cristo, por uma mudança de vida que se vai adaptando à vida de comunidade; e a

---

[16] DUJARIER, Michel; OÑATIBIA, Ignácio. *El catecumenado*. Barcelona: Centre de Pastoral Litúrgica, 2003. p. 27.

[17] DAp, n. 240.

42 • A pedagogia da iniciação cristã

iniciação à atividade missionária da Igreja, pela participação em algumas atividades eclesiais mais exemplares.[18]

Esse tempo do catecumenato realiza-se, após constatados os primeiros sinais de conversão dos simpatizantes em virtude do pré-catecumenato, com uma solene *celebração de entrada no catecumenato – a admissão dos catecúmenos* – que, "tendo acolhido o primeiro anúncio do Deus vivo, já possuem a fé inicial no Cristo Salvador"[19] e, portanto, desejam se tornar cristãos.

Essa celebração é essencial na iniciação cristã, pois pela primeira vez os candidatos à recepção dos sacramentos reúnem-se publicamente com a comunidade e "manifestam suas intenções à Igreja, enquanto esta, no exercício de seu múnus apostólico, acolhe os que pretendem tornar-se seus membros".[20] Conforme o *Ritual*:

> Desde então os catecúmenos, cercados pelo amor e pela proteção da Mãe Igreja como pertencendo aos seus e unidos a ela, já fazem parte da família de Cristo: são alimentados pela Igreja com a Palavra de Deus e incentivados por atos litúrgicos. Tenham a peito, portanto, participar da liturgia da palavra e receber as bênçãos e sacramentais. Quando se casam, se o noivo e a noiva forem catecúmenos, ou apenas um deles e a outra parte não for batizada, será usado o rito próprio; se falecerem durante o catecumenato, realizam-se exéquias cristãs.[21]

---

[18] BOROBIO, Dionísio. *Catecumenado e iniciación cristiana*, p. 64.
[19] RICA, n. 68.
[20] RICA, n. 14.
[21] RICA, n. 18.

Essa *celebração de entrada* está marcada por três momentos fundamentais que caracterizam o início do caminho de fé, o qual a Igreja propõe aos que desejam nascer para uma vida nova de modo sacramental.

Primeiramente, após serem acolhidos pela Igreja, os simpatizantes pedem, através de um diálogo, para receber a fé, sabendo que esta lhes concederá a vida eterna. Baseado na *Tradição Apostólica de Hipólito de Roma*, também os responsáveis por eles, ou seja, os "introdutores", são questionados pelo ministro se "estão dispostos a ajudá-los a encontrar e a seguir Cristo".[22]

Depois são marcados com o sinal da cruz. O gesto de marcar a cruz sobre o corpo é o "primeiro sinal da ação de Cristo sobre os catecúmenos",[23] para que, conforme diz a oração conclusiva ao pedir que sejam "marcados com o sinal da cruz, seguindo os passos de Cristo, conservem em sua vida a graça da vitória da cruz e a manifestem por palavras e gestos".[24]

Por fim, o catecúmeno entra na Igreja e poderá de agora em diante alimentar-se da mesa da Palavra de Deus junto com a comunidade eclesial. Para pôr em prática tudo o que é celebrado, o *Ritual* prevê que, após a homilia, o presidente da celebração entregue aos catecúmenos o livro dos evangelhos e dirija-se a eles com essas palavras: "Recebe o livro da Palavra de Deus. Que ela seja luz para a sua vida".[25]

---

[22] RICA, n. 77.
[23] TENA, P.; BOROBIO, D. Sacramento da iniciação cristã; Batismo e Confirmação. In: BOROBIO, D. (org.). *A celebração na Igreja*. São Paulo: Loyola, 1993. p. 29.
[24] RICA, n. 87.
[25] RICA, n. 93.

> Faz-se, em seguida, uma prece pelos catecúmenos pedindo "para que sejam sempre fervorosos, alegres na esperança e dedicados ao serviço do Senhor e sejam conduzidos à fonte do novo nascimento".[26] Por fim, despedem-se os catecúmenos, pois precisam esperar o Batismo, pelo qual serão agregados ao povo sacerdotal e delegados para o novo culto de Cristo e, assim, poderão participar da Eucaristia.

Contudo, trazendo para a nossa realidade, penso que na prática pastoral tal dispensa pode acarretar grandes dificuldades, pois os catecúmenos não poderiam entender essa dispensa como exclusão? Estariam eles conscientes do motivo de saírem após a bênção? E a assembleia estaria preparada para assimilar tal rito?

Uma solução para evitar tal atrito seria fazer somente a celebração da Palavra como o próprio *RICA* propõe.[27] Deve-se em todo o caso procurar manter o clima inicial de acolhimento e encerrar a celebração todos juntos, partilhando a vida, as alegrias e as expectativas.

Hoje em dia, não é possível repetir exatamente os ritos do catecumenato antigo. O importante é conhecer e aplicar sua pedagogia própria em itinerários de educação da fé, conservando os elementos característicos dessa metodologia.[28]

---

[26] RICA, n. [95].

[27] RICA, n. 19.

[28] LELO, Antonio Francisco. O estilo catecumenal na catequese por etapas. *Revista de Catequese*, n. 116, p. 38, out./dez. 2006.

Encontramos na *Tradição Apostólica* de Hipólito de Roma o primeiro relato do período que deveria durar o catecumenato: "Ouçam os catecúmenos a Palavra durante três anos. Se algum deles for atento e dedicado, não se lhe considerará o tempo: somente o seu caráter – nada mais – será julgado".[29] O autor é bem claro ao dizer que o tempo é de três anos, contudo, abre exceção para os candidatos que se mostrarem dignos pela atuação moral.

Essa prolongada preparação tinha como objetivo verificar se os comportamentos eram realmente de pessoas convertidas. O estilo de vida e até mesmo a profissão deviam ser condizentes com a prática do Evangelho, deviam testemunhar essa vida nova diante de todos.[30]

De acordo com o caminho proposto pelo *RICA*, hoje em vigor na nossa Igreja, não encontramos claramente um tempo determinado de um, dois ou três anos para o catecumenato. O que nos diz é o seguinte:

> A duração do tempo do catecumenato não só depende da graça de Deus como das diversas circunstâncias, isto é, do plano do próprio catecumenato, do número dos catequistas, diáconos e sacerdotes, da colaboração de cada catecúmeno, das possibilidades de frequentarem a sede do catecumenato e da ajuda da comunidade local. Nada, portanto, pode ser estabelecido *a priori*. Compete ao Bispo determinar o tempo e a disciplina do catecumenato.[31]

---

[29] Tradição Apostólica, p. 59.
[30] Ibid., p. 24.
[31] RICA, n. 20.

Na Arquidiocese de Maringá, por exemplo, segundo as normas do Diretório dos Sacramentos aprovado pelo Arcebispo Metropolitano no dia 12 de outubro de 1999, fica declarado que: o tempo mínimo de duração do catecumenato é de um ano e os pastores devem habitualmente empregar o Ritual da Iniciação, de modo que os sacramentos sejam celebrados na Vigília Pascal, e a eleição realizada no primeiro domingo da Quaresma. Devem dar à Quaresma absoluta primazia para a preparação dos eleitos e a Vigília Pascal deve ser considerada como tempo próprio para a iniciação dos sacramentos.[32]

Nesse sentido, todo o processo de iniciação cristã precisa primeiramente romper com a visão errônea, que talvez persista, de percorrer esse caminho somente em vista da recepção dos sacramentos. A finalidade da iniciação deve ser uma só: que a pessoa alcance a plena maturidade em Cristo e forme sua identidade cristã:

> O sacramento deve ser visto como consequência dessa adesão à proposta do Reino, vivida na Igreja. Nosso processo de crescimento da fé é permanente; os sacramentos alimentam esse processo e têm consequências na vida.[33]

Assim, como na época de Hipólito se exigia uma formação condizente para as pessoas darem razões da sua fé como exigência apostólica (cf. 1Pd 1,6-9), por causa das heresias que circundavam a Igreja, também hoje se faz necessária uma formação adequada que forme, que instrua as pessoas para

---

[32] ARQUIDIOCESE DE MARINGÁ. *Estatutos, diretórios e subsídios*. Maringá, 2002. p. 65.

[33] CNBB. *Diretório Nacional de Catequese*. São Paulo: Paulinas, 2006. n. 50 (Documentos da CNBB, n. 84).

combaterem as forças opressoras do mal que atingem a todo o povo de Deus. Diante disso entendemos que:

Considerada como parte da iniciação cristã, a catequese não é uma supérflua introdução na fé, um verniz ou um cursinho de admissão à Igreja. É um processo exigente, um itinerário prolongado de preparação e compreensão vital, de acolhimento dos grandes segredos da fé (mistérios), da vida nova revelada em Cristo Jesus e celebrada na liturgia.[34]

É de suma importância reafirmar o que foi dito acima, que esse é um tempo de formação cristã integral. A pessoa do catecúmeno vai aprofundando sua experiência com o Senhor através do conhecimento da Palavra de Deus.

Desde o princípio lembramos que o *RICA* bebe das fontes da Tradição da Igreja. Na antiguidade os catecúmenos eram instruídos pelas catequeses batismais dos Santos Padres. Tal ensinamento centrava-se no Credo e na conversão moral. Não se usava refletir sobre os sacramentos, pois estes eram aprofundados nas catequeses mistagógicas, que tinham lugar após a celebração dos sacramentos.

Conforme Borobio,[35] para que o catecumenato seja autêntico e eficaz, faz-se necessário e oportuno distinguir três tempos:

➤ Um tempo mais dedicado a uma catequese antropológica, no qual o catecúmeno é instruído a descobrir a presença e a ação de Deus em sua vida, a partir de respostas

---

[34] Ibid., n. 37.
[35] Cf. BOROBIO, Dionísio. *Catecumenado e iniciación cristiana*, pp. 64-65.

a interrogações fundamentais sobre ela. Conclui esse tempo com uma celebração da Palavra, em que se expressa o ideal do ser humano, seu compromisso para a transformação do mundo e da sociedade.

➤ Um segundo tempo será dedicado a uma catequese mais teológica, ligada diretamente a temas como: Cristo, Espírito Santo, Igreja, numa perspectiva da história da salvação. Trata-se de um reconhecimento do Cristo que age pelo Espírito, na vida da pessoa e na comunidade de irmãos.

➤ Um terceiro e último período está dedicado a uma catequese mais sacramental, centrada fundamentalmente nos sacramentos da Iniciação Cristã e da Penitência. Com tal elo pretende-se não só descobrir o sentido do Batismo, da Confirmação e da Eucaristia, mas se chegar a uma melhor compreensão e valorização dos sinais sacramentais, dando ênfase ao sacramento da Reconciliação.

Em síntese, o período do catecumenato não pode se restringir a uma transmissão de conteúdos doutrinais ou da Palavra de Deus. É preciso que haja uma assimilação vital dessa Palavra que suscite atitudes de vida compatíveis com o Evangelho e com Jesus Cristo, para que o catecúmeno aprofunde sua fé.

O *Ritual* prevê vários ritos sagrados (celebração de entrada, celebrações da Palavra de Deus com exorcismos, bênção dos catecúmenos, unção dos catecúmenos, entrega do símbolo e entrega da oração do Senhor), celebrados em épocas sucessivas que marcam a transição de uma fase para outra, introduzindo os catecúmenos na vida da fé, da liturgia e da caridade do povo de Deus. Conforme Ignacio Oñatibia:

A imagem que os Padres empregam com mais frequência para exigir as etapas catecumenais é a imagem da gestação de uma criança no ventre materno: durante o catecumenato, considerado como um tempo de gestação, a Igreja-Mãe vai alimentando, com seus ensinamentos e seus ritos litúrgicos, até o dia em que dará à luz no banho batismal.[36]

Um itinerário pedagógico que ajude o indivíduo a viver conforme a fé cristã é aquele que integra todas as dimensões da pessoa, atendendo a suas buscas e necessidades e avançando pelas sucessivas etapas de um caminho espiritual sempre muito singular. Eis algumas dimensões básicas que devem ser levadas em conta e contempladas no processo de iniciação cristã dos adultos, tais como: a dimensão comunitária, bíblica, teológica, litúrgica, missionária, espiritual, moral, ecumênica e de diálogo inter-religioso, social e pedagógica.

Metodologia do Ritual

Segundo o Irmão Israel José Nery, "O *RICA,* por ser um ritual litúrgico, apresenta um bom roteiro sacramental, mas falta-lhe o específico da catequese",[37] pois não determina um método para as reuniões catecumenais, fala de transmissão, instrução e exposição da doutrina,[38] mas não determina a metodologia. Esta precisa ser bem escolhida para que de fato a catequese leve os catecúmenos "não só ao conhecimento dos dogmas e preceitos, como à íntima percepção do mistério da salvação de que desejam participar".[39]

---

[36] DUJARIER, Michel; OÑATIBIA, Ignácio. *El Catecumenado,* p. 28.
[37] IRMÃO NERY. *Catequese com adultos...,* p. 136.
[38] Cf. RICA, n. 99.
[39] RICA, n. 19.

A chave teológica e pedagógica da iniciação cristã é a mesma da Revelação, que é dom de Deus e que exige a resposta do homem. Nesse sentido, para que aconteça esse diálogo entre a pessoa e Deus é preciso assumir uma metodologia que contemple: a Palavra lida na comunidade como princípio fundante de toda catequese; leitura contínua dos sinais de Deus na história; opção clara em favor de processos iniciáticos; atenção aos adultos como modelos de toda catequese; linguagens compreensíveis.[40]

As *Diretrizes Gerais* da Igreja do Brasil complementam: "Trata-se de estabelecer um diálogo interpessoal, de reflexão sobre a experiência de vida, abrindo-a a seu verdadeiro sentido. É importante valorizar e respeitar a liberdade de cada um, assim como sua experiência, pois toda pessoa traz em si o desejo e a capacidade de encontro com a Palavra de Deus, que o próprio Espírito Santo suscita".[41]

Tempo da purificação e iluminação

Esse tempo de purificação e iluminação é um período breve de uma intensa preparação espiritual, durante a Quaresma, em vista da recepção dos sacramentos da iniciação cristã na Vigília Pascal. Tem início com a celebração da eleição ou inscrição do nome, que encerra o tempo do catecumenato. Conforme o *Ritual*:

---

[40] Cf. CONSELHO EPISCOPAL LATINO-AMERICANO. A caminho de um novo paradigma para a catequese. III Semana Latino-Americana de Catequese. Brasília: Edições CNBB, 2008. n. 39, p. 24.

[41] CNBB. *Diretrizes Gerais da Ação Evangelizadora da Igreja no Brasil (2011-2015)*. São Paulo: Paulinas, 2011. n. 87. (Documentos da CNBB, n. 94).

Denomina-se "eleição" porque a Igreja admite o catecúmeno baseada na eleição de Deus, em cujo nome ela age. Chama-se também "inscrição dos nomes" porque os candidatos, em penhor de sua fidelidade, inscrevem seus nomes no registro dos eleitos.[42]

Essa celebração acontece depois que o catecúmeno recebeu o parecer favorável da comunidade, declarando que ele mesmo está apto para celebrar os sacramentos e que possui uma fé esclarecida. O *Ritual* insiste na responsabilidade das pessoas da comunidade para dar seu parecer sobre a idoneidade dos candidatos.[43] No dia da eleição, visto tratar-se do crescimento da própria comunidade, procurem dar oportunamente uma opinião justa e prudente acerca dos candidatos. Encontramos a fundamentação para essa exigência na *Tradição Apostólica* de Hipólito de Roma:

> Escolhidos os que receberão o Batismo, sua vida será examinada: se viveram com dignidade enquanto catecúmenos, se honraram as viúvas, se visitaram os enfermos, se só praticaram boas ações. E, ao testemunharem sobre eles os que os tiverem apresentado, dizendo que assim agiram, ouçam o Evangelho.[44]

Outro texto da antiguidade – *Peregrinação de Etéria* – retrata como procediam a liturgia e a catequese em Jerusalém no século IV. Ele nos fornece dados bem precisos da exigência da eleição dos catecúmenos:

> O bispo, então, interroga, um a um, os acompanhantes do que entrou, dizendo: "Tem este vida virtuosa, e honra os pais, e não

---

[42] RICA, n. 22.
[43] RICA, n. 137.
[44] Tradição Apostólica, p. 60.

é um ébrio ou um impostor?"; interroga acerca de cada um dos vícios que são graves em um homem.

E se o *competens* foi julgado irrepreensível a respeito de tudo quanto foi perguntado, o bispo, na presença das testemunhas, registra-lhe, com a própria mão, o nome. Se, porém, é acusado de algo, ordena-lhe que saia dizendo-lhe que se corrija e, quando se tiver corrigido, que se apresente, então, ao Batismo. Assim interroga, tanto sobre os homens quanto sobre as mulheres. E se algum deles é estrangeiro, a menos que tenha uma testemunha que o conheça, não conseguirá tão facilmente o Batismo.[45]

Etéria e a Igreja chamam "os eleitos de 'co-petentes' porque todos juntos se esforçam ou competem (pedem juntos) para receber os sacramentos de Cristo e o dom do Espírito Santo".[46] Se através dessa celebração os catecúmenos forem aceitos, serão denominados eleitos pela Igreja, para serem iniciados plenamente nos mistérios sagrados. O enfoque desse tempo "está mais relacionado à vida interior, onde se busca que o eleito adquira um profundo sentido de Cristo e da Igreja".[47]

A prescrição é que esse tempo da iluminação seja realizado no período da Quaresma, pois sendo esse um grande retiro espiritual em preparação para a Páscoa do Senhor, o eleito degusta, saboreia dessa fonte de espiritualidade juntamente

---

[45] *Peregrinação de Etéria*; liturgia e catequese em Jerusalém no século IV. 2. ed. Petrópolis: Vozes, 2004. p. 117-118.

[46] RICA, n. 24.

[47] LELO, Antonio Francisco. *A iniciação cristã*; catecumenato, dinâmica sacramental e testemunho. São Paulo: Paulinas, 2005. p. 71.

com toda a comunidade eclesial. Não nos esqueçamos de que todo o processo da iniciação está centralizado na Páscoa do Senhor. A coroação do processo se dá pela inserção do candidato na Páscoa por meio dos sacramentos do Batismo, Crisma e Eucaristia, pelos quais recebe a identidade cristã.

O *RICA* prescreve três escrutínios, que têm uma dupla finalidade: "descobrir o que houver de imperfeito, fraco e mau no coração dos eleitos, para curá-lo; e o que houver de bom, forte, santo, para consolidá-lo".[48] Os escrutínios são como que passos dados pelos eleitos para aprimorarem ainda mais a configuração a Cristo. São sempre celebrados no 3º, 4º e 5º domingo da Quaresma e visam:

> Instruir gradativamente os catecúmenos (eleitos) sobre o mistério do pecado, do qual todo o mundo e todo homem desejam ser redimidos, para se libertarem de suas consequências presentes e futuras, impregnando suas almas do senso da redenção de Cristo, que é água viva (cf. o Evangelho da Samaritana), luz (cf. o Evangelho do cego de nascença), ressurreição e vida (cf. o Evangelho da ressurreição de Lázaro). É necessário progredirem do primeiro ao último escrutínio, na consciência do pecado e no desejo de salvação.[49]

Tendo percorrido todo esse caminho, tem-se na Vigília Pascal o momento ápice de todo esse processo catecumenal que é a recepção dos sacramentos da iniciação cristã.

---

[48] RICA, n. 25,1.
[49] RICA, n. 157.

Celebração dos sacramentos da iniciação cristã

A celebração dos sacramentos da iniciação cristã, realizada preferencialmente na noite da Páscoa, é o cume de todo o processo catecumenal. Através dos sacramentos realiza-se a plena vinculação dos catecúmenos a Jesus Cristo, que continua a realizar sua obra de salvação na Igreja por meio dos sinais sacramentais.

A Vigília anual da Páscoa marca a noite em que o Senhor passou da morte à vida; por isso, é o melhor contexto litúrgico e eclesial para celebrar a iniciação cristã. Conforme o Documento *Paschalis Sollemnitatis*:

> Segundo uma antiquíssima tradição, essa noite é "em honra do, Senhor", e a vigília que nela se celebra, comemorando a noite santa em que o Senhor ressuscitou, deve ser considerada como "mãe de todas as santas vigílias". Nessa vigília, de fato, a Igreja permanece à espera da ressurreição do Senhor e celebra-a com os sacramentos da iniciação cristã.[50]

Muitos são os frutos que o Concílio Vaticano II proporcionou à Igreja, dentre os quais vale mencionar o precioso resgate da iniciação cristã de adultos, tomando da Tradição da Igreja a unidade sacramental na noite da Vigília Pascal, conforme Falsini:

> A unidade ritual é reflexo de uma unidade mais profunda, teológica, isto é, do desenvolvimento da única realidade que

---

[50] CONGREGAÇÃO PARA O CULTO DIVINO. *Paschalis Sollemnitatis* sobre a preparação e celebração das festas pascais. Petrópolis: Vozes, 1989. n. 77.

obedece à ordem histórico-salvífica, da qual nasce a conexão de cada um dos sacramentos – Batismo, Crisma e Eucaristia –, com toda a iniciação.[51]

Segundo Bruno Forte, cada um destes três sacramentos está sempre a pedir a complementação dos outros dois:

O *Batismo* graças à Trindade, consagra o cristão como sendo uma nova criatura, incorporando-o à comunidade da nova Aliança; a *Confirmação* o habilita a agir como nova criatura, inserindo-o no mais íntimo das relações e missões das três Pessoas divinas, que se refletem na íntima união da Igreja e no serviço prestado aos seres humanos; enquanto a *Eucaristia*, ponto culminante e fonte de toda a vida do povo de Deus, atualiza a reconciliação pascal no meio das fadigas cotidianas, permitindo que o fiel viva plenamente na história escondido com Cristo em Deus e em união como seu corpo que é a Igreja.[52]

Nos primórdios da Igreja, a iniciação cristã consistia na celebração dos três sacramentos conjuntamente, o que explicitava a unidade como eram compreendidos. Porém, com o passar do tempo, perdeu-se essa unidade primordial. A introdução do *RICA* recupera a íntima unidade dos sacramentos pascais:

O *Batismo* os incorpora a Cristo, tornando-os membros do povo de Deus; perdoa-lhes os pecados e os faz passar, livres, do

---

[51] FALSINI, R. Iniziazione ai sacramenti o sacramento dell' iniziazione? *Rivista del Clero Italiano* 73 (1992), p. 272-273, apud. LELO, Antonio Francisco. *A iniciação cristã*, p. 93.

[52] FORTE, Bruno. *Introdução aos sacramentos*. São Paulo: Paulus, 1996. p. 38-39.

56 • A pedagogia da iniciação cristã

poder das trevas à condição de filhos adotivos, transformando-os em novas criaturas pela água e pelo Espírito Santo; por isso, são chamados filhos de Deus e realmente o são.

Assinalados na *Crisma* pela doação do mesmo Espírito, são configurados ao Senhor e cheios do Espírito Santo, a fim de levarem o corpo de Cristo quanto antes à plenitude.

Finalmente, participando do *sacrifício eucarístico*, comem da carne e bebem do sangue do Filho do Homem, e assim recebem a vida eterna e exprimem a unidade do povo de Deus; oferecendo-se com Cristo, tomam parte no sacrifício universal, no qual toda cidade redimida é oferecida a Deus pelo Sumo Sacerdote; e ainda suplicam que, pela abundante efusão do Espírito Santo, possa todo o gênero humano atingir a unidade da família de Deus.

De tal modo se completam os três sacramentos da iniciação cristã, que proporcionam aos fiéis atingirem a plenitude de sua estatura no exercício da missão de povo cristão no mundo e na Igreja.[53]

São muitos elementos que a liturgia celebra nos ritos da iniciação que julgo essenciais para uma melhor compreensão do sentido pascal que une e relaciona entre si os três sacramentos.

Um primeiro elemento é a bênção sobre a água. Essa oração, retomada no *RICA*, manifesta a proclamação do Mistério Pascal de Cristo e a primeira invocação da Santíssima Trindade. Na sua primeira parte faz memória da salvação com os fatos ocorridos no Antigo Testamento. A segunda parte, por

---

[53] RICA, n. 2.

meio da ação ritual, relaciona a ação conjunta do Verbo e do Espírito na recuperação do ser humano.

Nós vos pedimos, ó Pai, que por vosso Filho desça sobre esta água a força do Espírito Santo. E todos os que, pelo Batismo, forem sepultados na morte com Cristo, ressuscitem com ele para a vida. Por Cristo, nosso Senhor.[54]

O descer às águas é extremamente rico, pois significa "a mística participação na morte e ressurreição de Cristo, pelo qual os que creem em seu nome morrem para o pecado e ressurgem para a vida eterna".[55] Faz-se necessário para que tal rito seja significativo que a água seja abundante e se manifeste como um verdadeiro banho.

No texto de Hipólito, logo em seguida ao Batismo, encontramos a imposição de mãos pelo bispo com uma oração, logo seguida da unção na cabeça: "Eu te unjo com o óleo santo".[56] Para nós é muito claro que tal unção faz referência ao sacramento da Confirmação. Por isso o *RICA*, bem como outros documentos da Igreja, diz que imediatamente após o Batismo os adultos devem receber a Confirmação, pois:

Essa conexão exprime a unidade do mistério pascal, a relação entre a missão do Filho e a efusão do Espírito Santo e o nexo entre os sacramentos, pelos quais ambas as Pessoas Divinas vêm com o Pai àquele que foi batizado.[57]

---

[54] RICA, n. 215.
[55] RICA, n. 32.
[56] *Tradição Apostólica*, nn. 52-53, p. 53.
[57] RICA, n. 34.

Temos também o sinal do beijo da paz que significava a acolhida que a comunidade fazia aos seus novos membros, recém-nascidos nas águas batismais.

E por fim, a participação no banquete eucarístico consumava assim a sua iniciação cristã na antiguidade. Recentemente o Papa Bento XVI afirma na Exortação Apostólica *Sacramentum Caritatis* que: "A santíssima Eucaristia leva à plenitude a iniciação cristã e coloca-se como centro e termo de toda a vida sacramental".[58]

Por fim, um aspecto interessante que o texto da *Tradição Apostólica* traz e que por nós é desconhecido por não fazer parte do nosso rito é a mistura do leite e mel que era dado na ocasião da celebração aos novos membros como significado de que as promessas dos antigos profetas sobre a terra prometida eram consideradas cumpridas agora na iniciação cristã.[59]

Sintetizando, a iniciação cristã configura-se como uma articulada celebração sacramental, por meio da qual o indivíduo que percorreu o itinerário catecumenal é plenamente incorporado ao Mistério Pascal de Cristo. "Renascido pelo Batismo e investido pelo Espírito de vida nova, é acolhido pelo novo povo para assentar-se à mesa eucarística e tornar-se um só corpo e um só espírito."[60] Em outras palavras nos diz a *Sacrosanctum Concilium*:

> Pelo Batismo as pessoas são inseridas no mistério pascal de Cristo: com Ele mortas, com Ele sepultadas, e com Ele ressusci-

---

[58] BENTO XVI. Exortação Apostólica Pós-Sinodal *Sacramentum Caritatis*. 2. ed. São Paulo: Paulinas, 2007. n. 17.

[59] N. 56, p. 54.

[60] Cf. CONCÍLIO VATICANO II. Decreto *Ad gentes*, n. 14.

tadas (Rm 6,4); recebem o espírito de adoção de filhos, no qual clamam: *Abba, Pai* (Rm 8,15), e se tornam verdadeiras adoradoras que o Pai procura (Jo 4,23); e toda vez que comem a Ceia do Senhor, anunciam-lhe a morte até que venha (1Cor 11,26).[61]

> Santo Ambrósio, comentando o Salmo 22, vê na Eucaristia o sacramento que nos faz entrar definitivamente no corpo de Cristo.[62] O Batismo e a Confirmação nos dão a possibilidade de incorporar-nos definitivamente no corpo do Senhor; são a preparação indispensável àquilo que na Eucaristia encontra o seu pleno cumprimento.

Tempo da mistagogia

Esse é o último tempo da iniciação, denominado de tempo da mistagogia, cujo objetivo é fazer com que os novos membros da Igreja obtenham um conhecimento mais completo dos sacramentos recebidos na Vigília Pascal. Durante esse tempo, os novos membros devem ser ajudados pela comunidade dos fiéis para que através das celebrações do tempo pascal – principalmente as missas dominicais –, das catequeses, do exercício da caridade, aprofundem os mistérios celebrados e sintam-se parte da comunidade eclesial.

O tempo pascal é o tempo próprio para a realização da mistagogia, pois durante esses cinquenta dias pascais fortalecem-se os vínculos espirituais entre os novos membros e a comunidade dos fiéis. Se de um lado a experiência sacramen-

---

[61] CONCÍLIO VATICANO II. *Sacrosanctum Concilium*, n. 6.
[62] Cf. AMBRÓSIO DE MILÃO. *Explicação do símbolo*; sobre os sacramentos, sobre os mistérios, sobre a penitência. São Paulo: Paulus, 1996. n. 43, p. 93.

tal insere o iniciado no corpo de Cristo – a Igreja –, por outro, a própria comunidade dos fiéis também ganha com essa experiência e se refaz nesse caminho da iniciação.[63]

O Padre Domingos Ormonde[64] nos apresenta um dado que julgo importante: todas as vezes que o *RICA* se refere à palavra "mistagogia" a coloca entre aspas. Diz isso por compreender que também os tempos anteriores fazem mistagogia, ou seja, introduzem no mistério de Cristo e da Igreja, através dos ritos ao longo do ano litúrgico e de todo o percurso catecumenal.[65]

Nesse tempo, à diferença dos demais, é que agora os que renasceram pelos sacramentos pascais fazem mistagogia a partir da experiência espiritual da celebração. Conforme Bento XVI: "a melhor catequese sobre a Eucaristia é a própria Eucaristia bem celebrada".[66]

Essa etapa da mistagogia tal como é apresentada no *Ritual* é fruto da Tradição da Igreja antiga, no qual os Santos Padres, dentre os quais Cirilo de Jerusalém, João Crisóstomo, Ambrósio de Milão, através de suas catequeses, levavam gradualmente os cristãos a se tornarem conscientes dos dons recebidos. "Dessa forma, a mistagogia permitia atualizar, nas opções e etapas da vida do cristão, uma recordação eficaz

---

[63] Cf. LELO, Antonio Francisco. *A iniciação cristã*, pp. 121-122.

[64] Cf. ORMONDE, Domingos. O tempo da mistagogia. *Revista de Liturgia*, n. 182, p. 24, mar./abr. 2004.

[65] Para aprofundar o tema, recomendamos as obras: PASTRO, Claudio; NUCAP. *Iniciação à liturgia*. São Paulo: Paulinas 2012; e NUCAP. *Mistagogia*. São Paulo: Paulinas, 2013.

[66] Bento XVI. *Sacramentum Caritatis*, n. 64.

dos mistérios do salvador, com a ajuda da comunidade e sob a ação incessante do Espírito da verdade."[67]

Essa palavra mistagogia encontra-se praticamente descartada de nosso vocabulário, mas devemos mencionar que, assim como nos primórdios da era cristã as pessoas eram introduzidas nos mistérios celebrados através de uma catequese mistagógica, faz-se necessário também hoje uma profunda iniciação aos mistérios da fé. *Lex credendi e lex orandi*, compreender bem, para bem celebrar o memorial do Senhor. Conforme Bento XVI:

> Essa tarefa é particularmente urgente numa época acentuadamente tecnológica como a atual, que corre o risco de perder a capacidade de perceber os sinais e os símbolos. Mais do que informar, a catequese mistagógica deverá despertar e educar a sensibilidade dos fiéis para a linguagem dos sinais e dos gestas que, unidos à palavra, constituem o rito.[68]

Tendo chegado ao término de todo esse processo, o novo membro da comunidade, uma vez feita a experiência do Mistério da Páscoa do Senhor, é chamado a prosseguir seu caminho de fé juntamente com os irmãos, através da vivência do amor fraterno. De evangelizado como foi, é chamado agora a ser um evangelizador, anunciador da Boa-Notícia do Reino de Deus e das maravilhas que o Senhor realiza na vida dos que se deixam por ele guiar. A Exortação Apostólica *Evangelii Nuntiandi* nos diz que isso é a pedra de toque de todo processo de evangelização: "aquele que foi evangelizado passa a evangelizar".[69]

---

[67] FORTE, Bruno. *Introdução aos sacramentos*. São Paulo: Paulus, 1996. p. 38.
[68] BENTO XVI. *Sacramentum Caritatis*, n. 64.
[69] PAULO VI. *Evangelii Nuntiandi*, n. 24.

Implantação do *RICA*

O *RICA*, aprovado em 1972, teve uma repercussão muito importante nos documentos da Igreja, no que se refere à iniciação cristã. Apresentamos brevemente alguns documentos pós-conciliares que fazem menção ao tema.

O *Diretório Geral de Catequese* publicado em 1971 menciona o catecumenato como a fonte particular para a catequese de adultos.

No Brasil o *RICA* só foi publicado na Solenidade da Páscoa de 1974. Infelizmente, não ganhou o merecido destaque e sua pedagogia sacramental não influenciou como deveria a realidade pastoral brasileira.

Em 1975 Paulo VI, com a Exortação Apostólica *Evangelii Nuntiandi*, n. 44, reconhece a situação de descrença da humanidade, vê a necessidade de uma evangelização que responda aos anseios modernos e afirma que o catecumenato deve ser aplicado também à situação de muitos que já são batizados.

A Igreja no Brasil, em 1973, publicou as orientações sobre a *Pastoral do Batismo*.[1] No ano seguinte avançou a reflexão sobre os primeiros sacramentos e publicou: *Pastoral dos Sacramentos da Iniciação Cristã*,[2] cujo objetivo era superar a

---

[1] CNBB. *Batismo de crianças*. São Paulo, 1987. (Documentos da CNBB, n. 19).

[2] Id. *Pastoral dos sacramentos da iniciação cristã*. São Paulo, 1974. (Documentos da CNBB, n. 2a).

visão sacramentalista da fé, a fim de resgatar sua dimensão evangelizadora.

Em 1979 João Paulo II, com a Exortação Apostólica *Catechesi Tradendae*, seguindo a mesma linha de Paulo VI, enfatiza a educação cristã dos que foram batizados quando crianças e hoje adultos possuem um conhecimento religioso muito infantil. Também outros documentos (*Código de Direito Canônico, Catecismo da Igreja Católica, Diretório Geral de Catequese*) contemplam a necessidade de uma atenção maior para a realidade da iniciação cristã.

Em 1983, os bispos do Brasil aprovaram o documento que é referencial na atuação catequética: *Catequese renovada*, no qual determinam que "as preparações para os diversos sacramentos devem ser momentos fortes de iniciação, devendo perder seu caráter episódico, esporádico e puramente doutrinal".[3]

O Diretório Geral da Catequese, em sua segunda edição de 1997, afirma que os elementos do catecumenato batismal devem ser fonte de inspiração para a catequese pós-batismal.[4]

No ano 2000 o *RICA* passou por um processo de revisão sob a orientação do Padre Domingos Ormonde e pelo setor de liturgia da CNBB.

Em 2001, foi realizada a Segunda Semana Brasileira de Catequese, que reuniu teólogos e pastoralistas de todo o Brasil, para refletirem sobre o tema: *Com adultos, catequese adulta*, que resultou em um volume da coleção estudos da CNBB

---

[3]   Id. *Catequese renovada*. 34. ed. São Paulo: Paulinas, 2003. n. 136. (Documentos da CNBB, n. 26).

[4]   CONGREGAÇÃO PARA O CLERO. *Diretório Geral para a Catequese*. São Paulo: Paulinas, 1997. n. 90.

n. 84. Essa Semana foi base para um importante estudo com esse mesmo título.[5]

Também em 2005 os bispos do Brasil aprovaram o *Diretório Nacional de Catequese,* que segue de perto o *Diretório Geral* e, por isso, propõe a inspiração catecumenal: "A inspiração catecumenal deve iluminar qualquer processo catequético".[6]

Em 2009, a CNBB lançou um importante estudo sobre esse tema: *Iniciação à vida cristã. Um processo com inspiração catecumenal.* Esse estudo implementa a catequese com adultos batizados que não foram evangelizados e estabelece o novo marco da iniciação cristã na Igreja em tempos de pluralismo religioso.

O estudo desses documentos detectam os elementos que iluminam e compõem o quadro da iniciação cristã, e nos permitem estabelecer o marco referencial para a acolhida, o desenvolvimento e aplicação do *RICA.*

A Conferência de Aparecida e a iniciação cristã

A V Conferência Geral do Episcopado Latino-Americano e do Caribe, realizada entre os dias 13 e 31 de maio de 2007, no Santuário Nacional de Aparecida, através do *Documento de Aparecida,* reconhece a importância da iniciação cristã como um itinerário para a formação dos discípulos-missionários.

---

[5] CNBB. *Com adultos, catequese adulta;* texto-base elaborado por ocasião da Segunda Semana Brasileira de Catequese. São Paulo, Paulus, 2001. (Estudos CNBB, n. 80).

[6] CNBB. *Diretório Nacional de Catequese.* São Paulo: Paulinas, 2006. n. 45. (Documentos CNBB, nn. 84 e 87).

Essa nova etapa da renovação da catequese através da aplicação do *RICA* não depende apenas das pessoas e organizações, diretamente comprometidas com a catequese propriamente dita, mas de todos os membros da Igreja. É a Igreja toda que deve ter como prioridade: "formar discípulos missionários de Jesus Cristo para que nele os povos e o planeta Terra tenham vida em abundância".[7] Prosseguindo, o mesmo documento nos diz que:

A iniciação cristã que inclui o querigma é a maneira prática de colocar alguém em contato com Jesus Cristo e iniciá-lo no discipulado. Dá-nos, também, oportunidade de fortalecer a unidade dos três sacramentos da iniciação e aprofundar o rico sentido deles. A iniciação cristã, propriamente falando, refere--se à primeira iniciação nos mistérios da fé, seja na forma de catecumenato batismal para os não batizados, seja na forma de catecumenato pós-batismal para os batizados não suficientemente catequizados.[8]

O processo de formação parte do encontro pessoal com Jesus Cristo vivo, pela ação do Espírito Santo, que se realiza na fé vivida e recebida da Igreja,[9] tendo o Querigma como "fio condutor"[10] do processo evangelizador que culmine na maturidade cristã.

O caminho de formação do seguidor de Jesus lança suas raízes na natureza dinâmica da pessoa e no convite pessoal de

---

[7] DAp, n. 1
[8] DAp, n. 288.
[9] DAp, n. 246.
[10] DAp, n. 278a.

Jesus Cristo, que chama os seus pelo nome e estes o seguem porque conhecem sua voz. O Senhor despertava as aspirações profundas de seus discípulos e os atraía a si maravilhados. O seguimento é fruto de uma fascinação que responde ao desejo de realização humana, ao desejo de vida plena.[11]

O processo de formação de discípulos missionários se desenvolve a partir da conversão, discipulado, comunhão eclesial. Dessa forma, o tempo do pré-catecumenato, destinado aos simpatizantes como o primeiro contato com o Senhor, torna-se essencial agora na formação do discípulo-missionário, no qual se anuncia o Querigma, que proporciona a conversão do coração, o encontro pessoal com Jesus Cristo e dá início à caminhada eclesial.

O catecumenato, tempo de maior preparação do catecúmeno, pode ser entendido na formação do discípulo-missionário como processo formativo que abarca todos os ciclos da vida humana. Nesse sentido, a formação não pode ser ocasional ou reduzida a um mero cursinho de doutrina; é preciso que seja orgânica, progressiva, vivencial e comprometedora.

Para esse passo são de fundamental importância a catequese permanente e a vida sacramental, que fortalecem a conversão inicial e permitem que os discípulos missionários possam perseverar na vida cristã e na missão em meio o mundo que os desafia.[12]

O tempo da iluminação é um tempo de purificação interior, em que o candidato, tendo feito um caminho, se prepara

---

[11] DAp, n. 277.
[12] DAp, n. 278c.

espiritualmente para a recepção dos sacramentos. Trata-se do desfecho de um processo formativo querigmático e catequético conduzido pela experiência comunitária, pela leitura orante da Palavra de Deus, que resulta na conversão e seguimento a Jesus Cristo, inserção em uma comunidade eclesial, vivência dos sacramentos e engajamento de transformação da sociedade.

Por fim, a etapa mistagógica traça um caminho que conduz à inserção no mistério da fé, proporcionando, assim, a educação dos gestos e dos símbolos empregados na liturgia, que leva à valorização do significado do rito celebrado. Conforme o *Documento de Aparecida*, n. 251:

> A Eucaristia é o lugar privilegiado do encontro do discípulo com Jesus Cristo. Com esse sacramento, Jesus nos atrai para si e nos faz entrar em seu dinamismo em relação a Deus e ao próximo. Existe estreito vínculo entre as três dimensões da vocação cristã: crer, celebrar e viver o mistério de Jesus Cristo, de tal modo que a existência cristã adquira verdadeiramente forma eucarística.

A Conferência de Aparecida incentiva a catequese com inspiração catecumenal e com características iniciáticas, tais como o "cultivo da amizade com Cristo na oração, o apreço pela celebração litúrgica, a experiência comunitária, o compromisso apostólico mediante um serviço aos demais".[13]

Os adultos hoje necessitam, sobretudo: do primeiro anúncio (querigma), de um primeiro passo para a conversão, de um encaminhamento ao discipulado e de inserção na Igre-

---

[13] DAp, n. 299.

ja e na construção do Reino. A Igreja, portanto, precisa de catequese evangelizadora e de inspiração catecumenal, com o objetivo de formar: discípulos e missionários de Jesus Cristo, Caminho, Verdade e Vida, Mestre e Pontífice. Por isso, a insistência de propiciar "uma formação integral e processual do discípulo, que responda ao tempo que se vive a partir de uma expressão de fé adulta e comprometida".[14]

Catecumenato como um novo paradigma

No contexto de mudança de época pela qual estamos passando, "a família [é] chamada a ser a grande transmissora da fé e dos valores. Tamanhas têm sido as transformações que a instituição familiar já não possui o mesmo fôlego de outras épocas para cumprir esta missão indispensável".[15] Os dados oferecidos pelo Censo demográfico de 2010 sobre as religiões brasileiras confirmam:

a situação de progressivo declínio na declaração de crença católica. Os dados apresentados indicam que a proporção de católicos caiu de 73,8% registrados no censo de 2000 para 64,6% neste último Censo, ou seja, uma queda considerável.[16]

Diante desse fato, prevalece a necessidade de oferecer aos fiéis a real possibilidade de descobrir e percorrer o pro-

---

[14] CONSELHO EPISCOPAL LATINO-AMERICANO. A caminho de um novo paradigma para a catequese. III Semana Latino-Americana de Catequese. Brasília: Edições CNBB, 2008, n. 29. p. 21.

[15] CNBB. *Diretrizes Gerais da Ação Evangelizadora da Igreja no Brasil (2011-2015)*, n. 39.

[16] Disponível em: <http://www.ihu.unisinos.br/noticias/511028-catolicismo-no-brasil-em-declinio-os-dados-do-censo-de-2010>. Acesso em: 26/07/2012.

cesso iniciático através da implantação e da vivência do *RICA*, que possa conduzi-los à experiência e ao seguimento de Cristo.

Se o contexto eclesial mostra a fragilidade da experiência religiosa das pessoas, então somos levados a crer que a metodologia para a transmissão da fé cristã não pode ser a mesma utilizada anteriormente. É preciso que a mentalidade catecumenal permeie os vários processos de iniciação presentes na pastoral hoje.

Em nosso processo brasileiro de formação e evangelização, não estamos acostumados com o adulto que precisa de iniciação, entendida no seu sentido pleno e não apenas como falta de sacramentos. Precisamos ter claro que o tema da iniciação cristã de adultos é relativamente novo na reflexão eclesial do Brasil. Contudo, exige-se uma mudança de paradigmas. Segundo Masuero:

> Percebe-se que as comunidades não sabem o que fazer com o adulto que se aproxima sem nenhuma iniciação ou com quase nenhuma. A dificuldade é mútua. O adulto vem em busca dos sacramentos, sem ter em conta a necessária adesão a Jesus Cristo e à Igreja, a conversão e o engajamento que isso implica. A comunidade, por seu turno, tem a tendência de aplicar um processo de catequese e de iniciação sacramental que é na realidade uma adaptação do processo que se aplica a crianças e jovens, geralmente feito de maneira apressada de modo a conferir os sacramentos.[17]

Buscando evitar essas dificuldades tanto da parte de quem busca a Igreja para ser iniciado como dos que são res-

---

[17] MASUERO, Lívio. Discipulado católico adulto; uma experiência em moldes catecumenais. *Revista de Catequese*, n. 116, p. 58, out./dez. 2006.

ponsáveis pelo processo de iniciação, é que em nosso contexto fazem-se necessários o conhecimento e a aplicação da metodologia catecumenal integrados ao processo de evangelização. "O catecumenato é, por definição, o processo catequético (ou de iniciação) para esse contexto, também é verdade que o catecumenato é o paradigma para qualquer processo de catequese."[18]

Segundo a introdução do *RICA*, para que alguém se torne cristão não basta receber uma catequese doutrinal;[19] é necessário também: um conhecimento mais profundo da história da salvação; experiência e aprendizado de oração e de celebração da fé; vivência em comunidade e prática da vida cristã através de um comportamento eticamente exemplar pela prática da caridade.

É urgente hoje que as comunidades paroquiais assumam o catecumenato como caminho ordinário de evangelização, tanto para os não iniciados como para os já iniciados, mas não suficientemente evangelizados que se encontram afastados da fé e da comunidade eclesial. Ambos precisam ser atingidos por uma nova evangelização em vista de uma conversão a Jesus Cristo que dê solidez à sua opção vital de fé.

Para que isso aconteça, cada comunidade precisará abraçar o catecumenato como prioridade da ação evangelizadora e estabelecer:

Critérios, linhas de ação e formas de catecumenato que respondam adequadamente às necessidades. Isto deverá levar os (não batizados) e os batizados não convertidos a uma reconciliação

---

[18] CNBB. *Diretório Geral da Catequese*, n. 59.
[19] Cf. RICA, n. 19.

com Deus, consigo e com os outros. É fundamental que, previamente, o catequista ou evangelizador vá até eles como o Bom Pastor atrás da ovelha desgarrada, com atitude de misericórdia, compreensão, escuta e amor.[20]

A formação catequética através dos passos contínuos e progressivos apresentados pelo *RICA*, adaptada à cultura e à realidade dos catecúmenos ou dos catequizandos, visa iniciá-los na fé cristã mediante a recepção dos sacramentos que os incorporam à Páscoa de Cristo e à comunidade cristã. A importância da iniciação cristã dos adultos se impõe pela urgência dos tempos de hoje, em que cada dia mais cresce o número daqueles para os quais o cristianismo nada diz. Portanto, exige-se da parte das comunidades eclesiais um esforço por abraçar essa causa eclesial para que o catecúmeno faça um processo autêntico de conversão, cuja mudança de vida seja sinal de sua plena adesão a Jesus Cristo e a seu Reino. Conforme Lelo:

> Estamos no período de implantação dessa nova metodologia, já tradicional na Igreja. No princípio porque o catecumenato era de conversão e proporcionava identidade numa sociedade amplamente paganizada. Hoje, porque retoma com força o querigma diante da fraca evangelização e do pluralismo religioso.[21]

Essa catequese de inspiração catecumenal baseia-se na tradição primitiva e nos Santos Padres. Para que hoje surta o

---

[20] LIMA, Luiz Alves de. *Discípulos e missionários de Jesus Cristo*, p. 50-51.
[21] LELO, Antonio Francisco. *Catequese com estilo catecumenal*. São Paulo: Paulinas, 2008. p. 53.

efeito desejado na vida da pessoa e da comunidade, necessita primeiramente que a própria comunidade eclesial esteja preparada para essa missão de acolher os novos membros; para tal, precisa de catequistas e agentes de pastoral bem preparados, espaço físico apropriado e pastores que os acompanhem e motivem.

Estilo catecumenal

O catecumenato tal como foi restaurado pelo *RICA* tem o mérito de recolocar em conjunto os elementos que dão coerência ao processo de iniciação para alcançar a sua finalidade. Sua metodologia não se limita somente aos adultos, mas também toda a catequese de iniciação cristã, inclusive aquela por idades, deverá contemplar:

- a evangelização das famílias;
- o planejamento dos itinerários de iniciação;
- a programação das etapas ou passos;
- a centralidade do Mistério Pascal com a atenção a todo ano litúrgico;
- a comunidade catequizadora com seus vários ministérios (introdutores, família, pároco, catequistas, padrinhos);
- a Palavra lida na comunidade como princípio fundante de toda catequese;
- a leitura contínua dos sinais de Deus na história;
- a linguagem compreensível.[22]

Restaurar o catecumenato não é simplesmente retomar algo do passado, mas resgatar a pedagogia da fé como nos primeiros séculos da Igreja, em que não se administravam os

---

[22] Cf. ibid., pp. 45-54.

sacramentos como ritos mágicos, mas abriam-se, lentamente, por meio de graus sucessivos, a fonte de formação e de vida que é a celebração dos sacramentos. Como redescoberta, o catecumenato e a nova concepção de catequese são uma volta à pedagogia das origens, quando a Igreja era essencialmente missionária.

É preciso, na prática pastoral, superar a visão fragmentada e desarticulada dos sacramentos da iniciação cristã de adultos e construir verdadeiros processos de iniciação cristã,[23] em que o ponto mais alto de todo esse processo iniciático seja a celebração conjunta dos sacramentos na Vigília Pascal, expressando assim a unidade sacramental que confere identidade ao discípulo de Cristo.

Conforme a *síntese dos temas da III Semana Latino-Americana de Catequese,* faz-se necessário:

> Conceber que a unidade dos três sacramentos de fé comporta uma mudança de paradigma que compromete a Igreja no acompanhamento de todo cristão, para que percorra o caminho completo de sua iniciação. Na formação dos pastores e agentes de pastoral, tenha-se em conta essa visão unitária que respeita a nova identidade do discípulo missionário de Jesus, missionário do Reino.[24]

Não é preciso repetir ao pé da letra o catecumenato, mas sim implantar o estilo catecumenal em toda forma de cate-

---

[23] Cf. LIMA, Luiz Alves de. *Discípulos e missionários de Jesus Cristo,* p. 49.
[24] CONSELHO EPISCOPAL LATINO-AMERICANO. A caminho de um novo paradigma para a catequese. III Semana Latino-americana de Catequese. Brasília: Edições CNBB, 2008. n. 114, p. 51.

74 • A pedagogia da iniciação cristã

quese.[25] O *RICA* deve ser estudado e aplicado, na medida do possível, na ação normal da Igreja, pois ele dá pistas importantes para a catequese e traz um estímulo muito grande para a qualidade da vida paroquial. "Mas não deve ser visto como um esquema rígido que impossibilite soluções criativas para situações específicas."[26]

Iniciação cristã como iniciação à oração

O Papa Bento XVI diz na Encíclica *Deus Caritas Est*: "Ao início do ser cristão, não há uma decisão ética ou uma grande ideia, mas o encontro com um acontecimento, com uma Pessoa que dá à vida um novo horizonte".[27] Entendido assim, a iniciação cristã é o encaminhamento para o encontro com a Pessoa de Jesus e o desdobrar desse encontro na vivência religiosa do dia a dia. Por isso, a iniciação cristã tem uma importância central nesse caminho catecumenal a ponto de se poder dizer que a "iniciação cristã é iniciação à oração".[28]

É importante ter claro esse conceito de oração como "relação de Aliança entre Deus e o homem em Cristo",[29] pois ela deve perpassar todo o processo da iniciação cristã. Pois, se não for assim, todos os aspectos doutrinais, morais, litúrgicos e sacramentais tornam-se vazios e perdem seu sentido. Tal como é apontado pelo *RICA*, através da metodologia catecu-

---

[25] Cf. *Diretório Nacional de Catequese*, n. 49e.

[26] CNBB. *Iniciação à vida cristã*; um processo com inspiração catecumenal, n. 96. Brasília: Ed. CNBB, 2009. (Estudos da CNBB 97).

[27] BENTO XVI. *Deus Caritas Est*, n. 1.

[28] CATÃO, Francisco. As bases teológicas da iniciação cristã. *Revista de Catequese*, n. 122, p. 15, abr./jun. 2008.

[29] CATECISMO DA IGREJA CATÓLICA, n. 2564.

menal a oração é vista como essencial, pois conduz à relação pessoal com Jesus mediante a ação do Espírito Santo.

Quando a iniciação é centralizada nas doutrinas ou na moral, perde a sua alma, torna-se estéril; logo, não produz frutos. "O caminho da experiência do crer, entendido como um relacionamento íntimo e profundo com Jesus, parece-nos ser, por felicidade, nos dias de hoje, o caminho a ser abraçado pela iniciação cristã."[30]

Agentes comprometidos com o processo

Apontamos alguns elementos que tornam mais acessíveis as orientações pastorais e as sugestões litúrgicas do *Ritual*. Conforme Domingos Ormonde:

> Com boa vontade, confiança e "jeitinho brasileiro", qualquer comunidade pode adotar o modelo catecumenal. A própria comunidade é o principal ponto de partida para organizar um catecumenato. Não importa se grande ou pequena, rural ou urbana. O Espírito Santo realiza a iniciação através da comunidade, a "Mãe Igreja", como é chamada.[31]

O ministério da comunidade

Tornar-se um cristão verdadeiramente comprometido exige da parte da pessoa muito mais que uma adesão pessoal; ela precisa, logo no início do seu caminhar, da ajuda da co-

---

[30] CATÃO, Francisco. As bases teológicas da iniciação cristã, p. 16.

[31] ORMONDE, Domingos. Pontos de partida para um catecumenato em etapas. *Revista de Liturgia*, n. 164, p. 27, mar./abr. 2001.

munidade eclesial, formada por pessoas comprometidas, que dão testemunho de sua vivência cristã, anunciando com palavras e com a vida a mensagem de Cristo e difundindo a fé nas várias circunstâncias da vida cotidiana.

Nesse sentido, o *RICA* considera a comunidade como o primeiro ministério do catecumenato, pois ele estará sempre unido organicamente a uma comunidade de fé, através de seus encontros fraternos, vida litúrgica de oração, vivência da fraternidade. "A comunidade é a referência concreta da Igreja de Jesus para os que fazem o caminho de fé."[32]

O *Ritual* propõe ainda uma participação ativa dos membros da comunidade na dinâmica do catecumenato, através da participação nas celebrações, nos ritos, colaborando na avaliação individual da caminhada da pessoa, demonstrando na Quaresma a renovação do espírito de penitência, fé e caridade, renovando as promessas batismais na Vigília Pascal, enfim, cercando-os de carinho e afeição para que se sintam felizes e acolhidos na comunidade cristã.[33]

Para que esse ministério aconteça é preciso que a comunidade tome consciência de que "a iniciação cristã dos catecúmenos incumbe a toda comunidade dos fiéis".[34] A convivência comunitária influenciará o crescimento do catecúmeno e o estimulará na prática das boas obras. Nesse sentido, o processo de iniciação é benéfico e educativo para a comunidade inteira.

Numa comunidade concreta, cada vez mais inserida no Mistério Pascal de Cristo, todas as pessoas envolvidas no

---

[32] Ibid., p. 27.
[33] Cf. RICA, n. 41.
[34] CONCÍLIO VATICANO II. Decreto *Ad Gentes*, n. 14.

processo, conduzidas pelo Espírito, se tornarão testemunhas do Evangelho por palavras e ações no ambiente de família, de escola e de trabalho, bem como em sua comunidade e na sociedade civil. A pessoa é levada a interpretar os sinais dos tempos e a atuar como profeta na libertação e transformação do mundo, segundo os desígnios de Deus. Assim sendo, a pessoa depois de iniciada plenamente é chamada a seguir uma vocação determinada dentro da comunidade.

O ministério dos introdutores

Por mais que seja um ministério específico da iniciação cristã dos adultos, pouco se fala sobre o papel dos introdutores. É função deles, como membros da comunidade, acompanhar e conhecer os que pedem para serem iniciados. "O candidato que solicita por sua admissão entre os catecúmenos é acompanhado por um introdutor, homem ou mulher que o conhece, ajuda e é testemunha de seus costumes, fé e desejo."[35]

O introdutor prepara o candidato para acolher na liberdade o dom da fé, o anúncio da Boa-Nova, e assumir o encontro pessoal com o Senhor e as condições para a conversão e a fidelidade. Sem um introdutor dedicado e competente, não é possível começar o processo de iniciação à vida cristã de inspiração catecumenal. "É o introdutor que coloca as bases para o segundo tempo, o catecumenato propriamente dito, no qual atuam os catequistas."[36]

No momento da celebração de entrada no catecumenato, cada simpatizante já possui um introdutor, que juntamente

---

[35] RICA, n. 42.
[36] CNBB. *Iniciação à vida cristã*, n. 127.

com os ministros ordenados, catequistas, avaliaram as reais disposições do candidato.[37] Nessa celebração quem preside pergunta aos introdutores e à comunidade se "estão dispostos a ajudá-los a encontrar e seguir o Cristo".[38] Esse ministério é muito importante e não se limita apenas aos momentos rituais. Trata-se verdadeiramente de um ministério de ajuda, semelhante ao dos padrinhos. Com efeito, o próprio *Ritual* parece dar preferência que o introdutor venha a ser o padrinho.[39] Conforme Domingos Ormonde:

> Sugerimos à nossa realidade: dar a esse ministério as funções que o ritual atribui aos padrinhos. No acompanhamento de uma pessoa caberia ao introdutor então: "ensinar familiarmente como praticar o evangelho em sua vida particular e social, auxiliá-la nas dúvidas e inquietações, dar-lhe testemunho cristão" e, depois da celebração dos sacramentos, "velar pelo progresso de sua vida batismal".[40]

Diante da importância desse ministério, exige-se, ou ao menos se supõe, que tais introdutores sejam: "pessoas de fé, já iniciadas, constantes na vida litúrgica da comunidade e na comunhão eucarística, orantes, atentas à Palavra de Deus, amigas, solidárias com os mais pobres e simples no relacionamento pessoal".[41]

---

[37] Cf. RICA, n. 16.
[38] RICA, n. 77.
[39] RICA, n. 42.
[40] ORMONDE, Domingos. *Pontos de partida para um catecumenato em etapas*, p. 28.
[41] Ibid., p. 28.

O ministério dos catequistas

Assim como o ministério dos introdutores, o dos catequistas é muito valioso para a comunidade cristã. O *RICA* diz que os catequistas são importantes para o progresso dos que fazem o caminho da fé e colaboram para o desenvolvimento da comunidade.[42] Nesse sentido, a iniciação cristã deve ser acolhida como dom de Deus para a comunidade que, ao gerar novos filhos e filhas para o Senhor, é chamada a renovar e aprofundar na fé a compreensão do mistério pascal. Diz o *Ritual* aos catequistas: "Cuidem de que a catequese seja penetrada do espírito evangélico, em harmonia com os ritos e o calendário litúrgicos, adaptada aos catecúmenos e, na medida do possível, enriquecida pelas tradições locais".[43] Diz isso para ficar muito claro que o catequista não é professor, mas alguém mais adiantado no caminho, e por isso pode ajudar outros a também atingirem a maturidade cristã. A catequese também não deve ser vista como aula, mas como um encontro de amigos que desejam caminhar rumo a Deus.

Os catequistas, ainda segundo o *Ritual,* têm uma atuação litúrgica significativa. Podem presidir as celebrações da Palavra próprias do catecumenato.[44] Participam ativamente dos ritos da iniciação cristã, mesmo quando presididos pelos ministros ordenados.[45] Intercedem pelos que fazem o caminho da fé com orações e bênçãos, de forma comunitária e pesso-

---

[42] RICA, n. 48.
[43] RICA, n. 48.
[44] RICA, nn. 106-108.
[45] RICA, n. 48.

al.[46] E com a designação do bispo podem fazer exorcismos,[47] ou seja, as orações de fortalecimento no caminho do Senhor.

O catequista é um mediador que ajuda os catecúmenos a acolherem, com todo o seu ser, a gradual e progressiva revelação do Deus amor e de seu projeto salvífico. Ele os encaminha para que cada um realize seu encontro pessoal com o Senhor, mediante Jesus Cristo, o Filho de Deus ressuscitado, que nos leva, com o Espírito Santo, à comunhão com o Pai.[48]

Devido à importância de sua função ministerial, os critérios utilizados para a escolha dos catequistas são os mesmos utilizados para os introdutores, com o acréscimo de que tenham facilidade de trabalhar em equipe, compreendendo, assim, a catequese como uma escola da vida cristã onde todos aprendem.

O ministério do bispo, dos presbíteros e diáconos

O bispo como pastor da Igreja Particular é o primeiro dos ministros "a encarregar-se da iniciação cristã dos adultos".[49] Segundo a *Catechesi Tradendae,* "O bispo é catequista por excelência e deve ter a catequese como a prioridade das prioridades".[50] Lembra-nos também o *RICA* e o *Cerimonial dos Bispos* de que, na medida do possível, ele é quem deve presidir a celebração da eleição e administrar os sacramentos da ini-

---

[46] RICA, n. 102 e 119.
[47] Cf. CERIMONIAL DOS BISPOS. São Paulo: Paulinas, 1988. n. 406, pp. 129-130.
[48] CNBB. *Iniciação à vida cristã,* n. 140.
[49] CERIMONIAL DOS BISPOS, n. 404, p. 129.
[50] JOÃO PAULO II. *Catechesi Tradendae,* n. 63.

ciação cristã aos adultos na noite da Vigília Pascal.[51] Tudo isso por ser considerado o principal responsável pela aplicação e desenvolvimento do catecumenato em sua diocese.

É fundamental que o bispo não apenas aprove essa modalidade do processo catecumenal, mas efetivamente a assuma com zelo e a incentive, reconhecendo que a catequese de adultos é uma dimensão essencial da Igreja principalmente nos dias atuais.

Os presbíteros, por sua vez, pelo sacramento da Ordem, são os cooperadores dos bispos e recebem a missão de construir e edificar como ministros de Cristo cabeça todo o seu corpo, que é a Igreja.[52] Sendo assim, eles concretizam na comunidade a função de motivar os membros para o testemunho da fé e para o acolhimento dos que são despertados, os "simpatizantes". Diz também o *Ritual* que cabe a ele prestar assistência pastoral e pessoal aos que fazem o caminho da fé, "interessando-se, sobretudo, pelos que se mostram mais hesitantes e inquietos".[53]

É dever do ministro ordenado acompanhar ao longo do processo os introdutores e catequistas, dando-lhes uma atenção especial e espiritual, para que juntos, diante dos conflitos que possam surgir ao longo do caminho, possam se ajudar mutuamente e trabalhar em harmonia. Ainda se referindo aos ministros ordenados, diz o *Ritual* que a multiplicação de diáconos permanentes permitiria uma presença efetiva deles na vida dos catecúmenos.[54]

---

[51] Cf. RICA n. 44, e CERIMONIAL DOS BISPOS, n. 404, p. 129.

[52] CONCÍLIO VATICANO II. Decreto *Presbyterorum Ordinis* sobre o ministério e a vida sacerdotal, n. 12. p. 456.

[53] RICA, n. 45.

[54] Cf. RICA, n. 47.

O papel da família na iniciação cristã

Constata-se que a instituição familiar passa por um momento de crise, como resultado de diversos fatores que influenciam a família, tais como: excesso de atividades profissionais, que acabam provocando o distanciamento dos membros; ausência dos pais, que gera a desorientação dos filhos; os meios de comunicação que substituem o diálogo e a informática com seus riscos e potencialidades, que provocam uma ruptura de tradições valiosas, gerando uma crise de valores nas pessoas em geral.

Uma catequese de inspiração catecumenal, chamada a lidar com essas questões diante de um pluralismo religioso e cultural, precisa estabelecer as bases da convivência e fortalecer a consciência de uma vida comunitária. Para tal, é necessário um acompanhamento personalizado dos jovens que se preparam para o matrimônio. E os que já constituíram famílias, poderiam contar com o auxílio de pastorais e movimentos para acompanhá-los diante de algumas dificuldades.

Muitas famílias tomam a iniciação cristã unicamente como preparação aos sacramentos, com pouca consciência de compromisso e coerência de vida, gerando, assim, superficialidade na formação. Nos processos catequéticos para as famílias é necessário que seja destacada a "íntima interação entre espaço familiar, ambiente social e comunidade cristã, ajudando a resgatar seu papel de ser a primeira educadora da fé em consonância com a comunidade eclesial".[55]

---

[55] LIMA, Luiz Alves de. *Discípulos e missionários de Jesus Cristo*, p. 48.

Nesse sentido, a família como "patrimônio da humanidade, lugar e escola da comunhão, pequena Igreja doméstica"[56] é chamada a ser lugar de catequese através do testemunho de vida cristã para a formação dos discípulos missionários de Jesus Cristo. Tamanha é sua importância que deve ser considerada "um dos eixos transversais de toda a ação evangelizadora da Igreja".[57]

---

[56] CNBB. *Diretrizes Gerais da Ação Evangelizadora da Igreja no Brasil (2008-2010)*, n. 128. São Paulo: Paulinas, 2008. (Coleção Documentos da CNBB 87).
[57] DAp, n. 435.

Considerações finais

A iniciação cristã implica o ser cristão no mundo de hoje; por isso, deve ser assumida como eixo da evangelização, que leva a uma redescoberta consciente e adulta da fé, da Boa-Nova de Jesus Cristo, e ao discernimento da presença atuante do Espírito no mundo, na Igreja e na própria vida da pessoa. Essa metodologia catequética situa-se numa linha vivencial que conduz o catecúmeno ao compromisso de fé, que o faz experimentar, na comunidade, a vida no Espírito.

Vivemos um momento de secularização e a perda dos valores cristãos entre os jovens e famílias em geral dificulta a adesão e o seguimento a Jesus Cristo. Agregam-se a isso o consumismo e o individualismo que têm aumentado fortemente. Diante desses fatores, a Igreja é chamada a buscar meios de evangelização mais eficazes e eficientes.

Apesar das dificuldades e resistências de manter a unidade sacramental e do problema prático do tempo, em que as pessoas desejam rapidamente obter os sacramentos, percebe-se o esforço para que a experiência de iniciação à vida de fé possua as características do modelo catecumenal. Cremos que a restauração do catecumenato seja a instituição mais original e adequada para a evangelização e para a iniciação cristã nos dias de hoje.

A implantação do *RICA* se faz necessária por três motivos principais:

1) É dever de fidelidade ao Vaticano II, que restaurou o catecumenato, ao refletir nas sessões conciliares e buscar a renovação da Igreja, seguindo os passos dos primeiros séculos.

2) Porque um autêntico catecumenato envolve presbíteros, catequistas, equipes de liturgia, acompanhantes, padrinhos e toda comunidade constituída pelo povo de Deus.

3) É uma questão de atenção aos sinais dos tempos e à nossa realidade pastoral e também de fidelidade ao Senhor que nos deixou o mandato: "Ide, portanto, e fazei que todas as nações se tornem discípulos, batizando-as em nome do Pai, do Filho e do Espírito Santo e ensinando-as a observar tudo quanto vos ordenei" (Mt 28,19-20).

No Concílio Vaticano II os leigos são considerados os protagonistas da evangelização, e de fato o são, pois muito contribuem para o anúncio da Boa-Nova. Contudo, cabe ao presbítero como pastor e guia da comunidade paroquial o papel de assumir responsavelmente o processo catecumenal e presidi-lo. Para tal precisará de uma equipe coordenadora para suscitar os ministérios e organizar o que for necessário. Mas é o padre quem deve mostrar-se convicto, confiante e empolgado para que outros também o estejam e levem adiante esse projeto desafiador, mas gratificante.

Encontramos relatos das primeiras tentativas e experiências da aplicação do *RICA* há mais de 25 anos no Brasil. Os resultados são muito positivos. Comprova-se através dessas experiências realizadas que os adultos que passam por esse processo de evangelização perseveram engajados na comunidade eclesial. *"Jesus abençoava as crianças e catequizava os adultos"* (cf. Mc 10,16.23-24). Será que não está na hora de seguirmos o exemplo do Mestre?

O *RICA* muito felizmente une catequese e liturgia; porém, infelizmente é pouco conhecido e utilizado na prática pastoral. Eis a nossa tarefa: torná-lo conhecido e apresentá-lo como um instrumento eficaz para iluminar as respostas aos anseios de uma Igreja que necessita de pessoas que saibam verdadeiramente dar razões de sua fé.

Como membros da Igreja de Cristo, incorporados e configurados pela iniciação cristã, todos os fiéis devem cooperar na expansão e dilatação do corpo de Cristo. A catequese tem a missão extraordinária de formar verdadeiros discípulos missionários, geradores de comunidades, homens e mulheres da Palavra de Deus e do testemunho de amor. Devido a isso, na atual situação em que nos encontramos, o *RICA* pode ser um autêntico instrumento de evangelização e formação de cristãos conscientes e comprometidos. Chegou a hora de repropor itinerários de amadurecimento da fé com metodologias capazes de suscitar discípulos e gerar a consciência da missão.

Bibliografia

Fontes

AMBRÓSIO DE MILÃO. *Explicação do símbolo*; sobre os sacramentos, sobre os mistérios, sobre a penitência. São Paulo: Paulus, 1996.

CNBB. *Cerimonial dos bispos*; cerimonial da Igreja. 3. ed. São Paulo: Paulus, 2001.

DIDAQUÉ; o catecismo dos primeiros cristãos para as comunidades de hoje. 5. ed. São Paulo: Paulus, 1989.

HIPÓLITO DE ROMA. *Tradição apostólica.* Tradução de Maria da Glória Novak e Introdução de Maucyr Gibin. Petrópolis: Vozes, 1981. (Fontes da catequese, 4).

JUSTINO DE ROMA. *I e II Apologias; diálogo com Trifão.* São Paulo: Paulus, 1995.

PEREGRINAÇÃO DE ETÉRIA. *Liturgia e catequese em Jerusalém no século IV.* 2. ed. Petrópolis: Vozes, 2004.

RITUAL DA INICIAÇÃO CRISTÃ DE ADULTOS.

Documentos

CONCÍLIO VATICANO II. Constituição Dogmática *Lumen Gentium* sobre a Igreja.

_____. Constituição *Sacrosanctum Concilium* sobre a Sagrada Liturgia.

_____. Decreto *Ad gentes* sobre a atividade missionária da Igreja. São Paulo: Paulinas, 1998.

_____. Decreto *Christus Dominus* sobre a função pastoral dos bispos na Igreja.

_____. Decreto *Presbyterorum Ordinis* sobre o ministério e a vida sacerdotal.

_____. Decreto *Ad gentes* sobre a atividade missionária da Igreja. São Paulo: Paulinas, 1998.

BENTO XVI. Carta Encíclica *Deus Caritas Est.* 2. ed. São Paulo: Paulinas, 2006.

_____. Discurso no final do Santo Rosário no Santuário de Nossa Senhora Aparecida, 12 de maio de 2007.

_____. Exortação Apostólica Pós-Sinodal *Sacramentum Caritatis.* 2. ed. São Paulo: Paulinas, 2007.

JOÃO PAULO II. *Catechesi Tradendae.*

PAULO VI. Exortação Apostólica *Evangelii Nuntiandi* sobre a Evangelização no Mundo Contemporâneo. 18. ed. São Paulo: Paulinas, 2005.

CONGREGAÇÃO PARA O CLERO. *Diretório Geral para a Catequese.* 2. ed. São Paulo: Paulinas/Loyola, 1999.

CONGREGAÇÃO PARA O CULTO DIVINO. *Paschalis Sollemnitatis* sobre a preparação e celebração das festas pascais. Petrópolis: Vozes, 1989.

CONSELHO EPISCOPAL LATINO-AMERICANO (CELAM). *Documento de Aparecida.* Texto conclusivo da V Conferência Geral do Episcopado Latino-Americano e do Caribe. Brasília: CNBB, São Paulo: Paulinas, 2007.

_____. *A caminho de um novo paradigma para a catequese.* III Semana Latino-americana de Catequese. Brasília: Edições CNBB, 2008.

CNBB. *Catequese renovada.* 34. ed. São Paulo: Paulinas, 2003. (Doc. 26).

_____. *Com adultos, catequese adulta*; texto-base elaborado por ocasião da 2ª Semana Brasileira de Catequese. São Paulo: Paulus 2001. (Estudos CNBB 80).

___. *Diretório Nacional de Catequese.* São Paulo: Paulinas, 2006. (Coleção Documentos da CNBB, n. 84).

_____. *Diretrizes Gerais da Ação Evangelizadora da Igreja no Brasil (2008-2010).* São Paulo: Paulinas, 2008. (Coleção Documentos da CNBB, n. 87).

_____. *Diretrizes Gerais da Ação Evangelizadora da Igreja no Brasil (2011-2015).* São Paulo: Paulinas, 2011. n. 87. (Documentos da CNBB, n. 94).

_____. *Iniciação à vida cristã*; um processo com inspiração catecumenal. Brasília: Ed. CNBB, 2009. (Estudos da CNBB, n. 97).

ARQUIDIOCESE DE MARINGÁ. *Estatutos, diretórios e subsídios.* Maringá, 2002.

CATECISMO DA IGREJA CATÓLICA. São Paulo: Loyola, 1999.

Estudos

ARAUJO, Epaminondas. Catecumenato hoje. *Revista Eclesiástica Brasileira (REB).* Petrópolis: Vozes, n. 127, vol. 32. set. 1972.

AUGÉ, Matias. *Liturgia: história, celebração, teologia, Espiritualidade.* São Paulo: Ave Maria, 1996.

BOROBIO, Dionísio. *Catecumenado e Iniciación Cristiana.* Barcelona: Centre de Pastoral Litúrgica, 2007.

CATÃO, Francisco. *As bases teológicas da iniciação cristã. Revista de Catequese*, n. 122. abr./jun. 2008.

COMBY, Jean. *Para ler a História da Igreja I; as origens ao século XV.* São Paulo: Loyola, 1993.

CORDEIRO, José de Leão (org.). *Antologia litúrgica*; textos litúrgicos, patrísticos e canônicos do primeiro milênio. Gráfica de Coimbra, Lda.

DROBNER, R. Hubertus. *Manual de Patrologia*. Petrópolis: Vozes, 2003.

DUJARIER, Michel; OÑATIBIA, Ignácio. *El Catecumenado*. Barcelona: Centre de Pastoral Litúrgica. 2003.

FALSINI, R. Iniziazione ai sacramenti o sacramento dell' iniziazione? *Rivista del Clero Italiano* 73 (1992), p. 272-273, apud. LELO, Antonio Francisco. *A iniciação cristã*; catecumenato, dinâmica sacramental e testemunho. São Paulo: Paulinas, 2005.

FORTE, Bruno. *Introdução aos sacramentos*. São Paulo: Paulus, 1996.

GEVAERT, José. Evangelização, primeiro anúncio e catequese. *Revista de Catequese*, n. 106, abr./jun. 2004.

NERY, Israel José. *Catequese com adultos e catecumenato*; história e proposta. São Paulo: Paulus, 2001.

LELO, Antonio Francisco. *A iniciação cristã*; catecumenato, dinâmica sacramental e testemunho. São Paulo: Paulinas, 2005.

_____. Aplicação no Brasil do *Ritual de Iniciação Cristã de Adultos. Revista de Catequese*, n. 108, out./dez. 2004.

_____. *Catequese com estilo catecumenal*. São Paulo: Paulinas, 2008.

_____. O estilo catecumenal na catequese por etapas. *Revista de Catequese*, n. 116, out./dez. 2006.

LIMA, Luiz Alves de. Discípulos e missionários de Jesus Cristo. Síntese dos temas da III Semana Latino-Americana de Catequese. *Revista de Catequese*, n. 114, abr./jun. 2006.

RETIF, Luiz. Catéchisme et Mission Ouvrière, p. 466, apud: ARAUJO, Epaminondas. Catecumenato hoje. *Revista Eclesiástica Brasileira (REB)*, Petrópolis: Vozes, n. 127, vol. 32, set. 1972.

MASUERO, Lívio. Discipulado católico adulto; uma experiência em moldes catecumenais. *Revista de Catequese*, n. 116, out./dez. 2006.

NOCENT, Adrien. (et al.) *Os sacramentos: teologia e história da celebração*. São Paulo: Paulinas, 1989. (Coleção Anámnesis 4).

OÑATIBIA, Ignácio. *Batismo e Confirmação*; sacramentos de iniciação. São Paulo: Paulinas, 2007.

ORMONDE, Domingos. O caminho do pré-catecumenato. *Revista de Liturgia*, n. 167, set./out. 2001.

_____. O tempo da mistagogia. *Revista de Liturgia*, n. 182, mar./abr. 2004.

_____. Pontos de partida para um catecumenato em etapas. *Revista de Liturgia*, n. 164, mar./abr. 2001.

PEDROSA, V. Mª. et al. *Dicionário de Catequética*. São Paulo: Paulus, 2004.

REVISTA DE ESTUDOS DA RELIGIÃO, dez. 2008, pp. 9-47.

SARANYANA, Josep-Ignasi. *Cem anos de Teologia na América Latina (1899-2001)*. São Paulo: Paulinas/Paulus, 2005. (Coleção Quinta Conferência – História).

SARTORE, Domenico; TRIACCA, M. Achille. *Dicionário de Liturgia*. São Paulo: Paulus, 2004.

STORNIOLO, Ivo; BALANCIN, Euclides Martins. *Didaqué*; o catecismo dos primeiros cristãos para as comunidades de hoje. 5. ed. São Paulo: Paulus, 1989.

TABORDA, Francisco. *Nas fontes da vida cristã*. São Paulo: Loyola, 2001.

TENA, Pere; BOROBIO, Dionisio. Sacramento da iniciação cristã; Batismo e Confirmação. In: BOROBIO, D. (org.). *A celebração na Igreja*. São Paulo: Loyola, 1993.

THEODOR, Shneider (org.). *Manual de Dogmática II*. Petrópolis: Vozes, 2002.

ZORZI, Lúcio. *Uma proposta de catecumenato com o RICA simplificado*. São Paulo: Paulinas, 2006.

Impresso na gráfica da
Pia Sociedade Filhas de São Paulo
Via Raposo Tavares, km 19,145
05577-300 - São Paulo, SP - Brasil - 2013